トランシルヴァニアの可愛い刺繍

岩田由美子

Contents

04 Prologue

part.1
イーラーショシュ

06 オーナメント
07 ピンクッション
08 ハート柄のちいさな巾着
09 チューリップモチーフのクロス
10 鳥とりんごモチーフの
　　イーラーショシュ
11 鳥とお花、葉っぱモチーフの
　　イーラーショシュ
12 小物置き

part.2
イーラートソク

14 スマートフォンケース
15 ミニクッション
16 バゲットケース
18 チューリップモチーフのバッグ
20 ティペット

part.3
ビーズ刺繍

22 ハートのオーナメント
23 バラモチーフのフレーム
24 花のブローチ
25 白い花のビーズ刺繍
26 ビーズ刺繍のショルダーバッグ
28 いちごモチーフのビーズ刺繍

part.4
サテンステッチの花刺繍

30 コースター
31 花柄のマット
32 チューリップと
　　カーネーションの花刺繍
33 緑と黒の花刺繍
34 つけ衿とつけ袖
36 くるみボタンと
　　ボタンホールステッチの花刺繍

part.6
カウント刺繍

44 どんぐりモチーフの針さし
44 すずらんモチーフのパスケース
45 いちごとベリーモチーフの小さなポーチ
46 幾何学模様の敷きもの

part.5
クロスステッチの刺繍

38 レース模様の巾着
39 レース模様とバラのモチーフ
40 ブックカバー
41 幾何学模様の敷きもの
42 クロスステッチの小さなモチーフ

この本の刺繍について

48 準備するもの
49 イーラーショシュのステッチ
　　ボタンホールステッチ
　　ホイールボタンホールステッチ
　　トライアングルボタンホールステッチ
　　オープンチェーンステッチ
51 イーラートソクのステッチ
　　コーチドトレリスステッチⓐ
　　コーチドトレリスステッチⓑ
　　コーチドトレリスステッチⓒ
　　アウトラインステッチ
52 ビーズのステッチ
　　ビーズの場合
　　ビーズフラワーの場合
　　スパンコールⓐ並べる場合
　　スパンコールⓑ重ねる場合

53 サテンの花刺繍のステッチ
　　サテンステッチ
　　ストレートステッチ
　　フレンチナッツステッチ
53 カウント刺繍のステッチ
　　カウントステッチ
54 クロスステッチ
　　クロスステッチ
　　ロングアームドクロスステッチ
55 縁飾り
　　針でする縁編み
　　松編み
　　スカラップボタンホールステッチ

＊本書に掲載されている作品及びそのデザインの無断利用は、個人的に楽しむ場合を除き、著作権法で禁じられています。本書の全部または一部（掲載作品の画像やその作り方図等）を、ホームページに掲載したり、店頭、ネットショップ等で配布、販売したりするには、著作権者の許可が必要です。

Prologue

素朴で温かくて、力強くて──
だから、美しい。
それがトランシルヴァニアの刺繍です。

　トランシルヴァニアは、フォークロアの文化が色濃く残る地方。農業を主な生計の手段としてきたこの地方では、冬に家庭の女性が行う手仕事として、刺繍の文化が根付いていました。

　普段着を繕い、丈夫にするための刺繍、村の祭りや婚礼といったハレの日の衣装を華やかに飾るための刺繍、村の伝統や民族意識を守るために受け継がれてきた刺繍、女性の内職や家事として行われてきた刺繍。トランシルヴァニアの刺繍は、さまざまな側面を持っています。

　この本では、私がトランシルヴァニアの家庭で見聞きし、教わってきた刺繍を元に、日本の生活の中でも楽しんで使ってもらえるようにアレンジを加えて提案しています。

　トランシルヴァニアでは、民族衣装にみっしりと刺していたような図案を小さな雑貨に使ってみたり、クッションカバーや大きなマットに使われていたデザインを少し小ぶりにしてみたり。また、トランシルヴァニアでは使わないような色使いで遊んでみたりもしました。

　トランシルヴァニアの刺繍の雰囲気を感じつつ、普段の暮らしの中で刺繍を楽しんでいただけたら幸いです。

岩田由美子

トランシルヴァニアのカロタセグ地方の伝統的な刺繍です。
私がイーラーショシュと出会ったのは、シク村のクララさんのおうち。
クッションカバーやマットなど広い面を埋め尽くすイーラーショシュは迫力があります。
もちろんオーナメントに仕立てたり、聖書カバーなどの小物に刺繍することも。
単色だからこそ、力強さと美しさが際立つように思えます。
少し太めのウールの糸を、主にボタンホールステッチで密に刺すのが特徴。
また、地方によってはオープンチェーンステッチを使うことも多く、
片方のエッジが際立つボタンホールステッチと見比べると、
両端のエッジが印象的な仕上がりになります（p.08のハート部分参照）。

イーラーショシュ *Part.*1

Ornament

オーナメント *How to make* p.56

布をカットして刺繍部分だけで仕上げられるのは
ボタンホールステッチだからこそ。
花びらをいくつ重ねるかで印象が変わります。

Pincushion

ピンクッション *How to make* p.57

刺繍の周りに松編みで縁飾りをほどこしました。コロンとした丸みのある形が愛らしい。

Drawstring pouch
ハート柄のちいさな巾着 *How to make* p.58

ハートはイーラーショシュの伝統的なモチーフ。
ボタンホールステッチと縁編みでより華やかに。

Cloth
チューリップモチーフのクロス *How to make* p.59

チューリップも好んで使われる伝統的な図案。
赤一色のステッチだからこその力強さがあります。

Sampler

鳥とりんごモチーフの
イーラーショシュ *How to make* p.60

イーラーショシュの図案の中で、鳥はさまざまな形で描かれます。
りんごはコーチドトレリスステッチと組み合わせました。

Sampler

鳥とお花、葉っぱモチーフのイーラーショシュ
How to make p.61

花びらがいくつか重なるデザインは伝統的なもの。
好みで組み合わせて左右対称に配置しても可愛いでしょう。

Mini mat

小物置き *How to make* p.62

ボタンホールステッチをほどこした部分の外周で布をカットして、
ビーズとピコットで飾り、可愛らしい印象に。

イーラーショシュと並んで、カロタセグ地方の代表的な刺繍の一つ。
イーラーショシュと同じウールの少し太めの糸を使って、
アウトラインステッチで図案の面を埋めるように刺繍し、
格子状のコーチドトレリスステッチと組み合わせ、お花模様や幾何学模様を表現します。
コーチドトレリスステッチはいくつかの種類がありますが、
トランシルヴァニアの家庭では、その家の女性の刺繍の腕前によって
使われるトレリスステッチに少し違いがあるそう。
私が教わったシク村のクララさんは、村では一番の刺繍上手。
いろいろなトレリスステッチを見せていただきました。

イーラートソク *part.2*

Smart phone case

スマートフォンケース　*How to make* p.63

イーラートソク定番の赤一色で仕上げました。
2枚の布をレースをマチにして縫い合わせる簡単な仕立てです。

Mini cushion

ミニクッション *How to make* p.64

中心にお花を配置し、そのまわりを左右対称に飾った図案。
図案を3つ、4つ、9つと連続させて大きくできるので、
おうちのインテリアに合わせたサイズに展開してみてください。
周囲はボタンホールステッチではぎ合わせ、デザインのアクセントに。

Baguette case

バゲットケース　*How to make* p.65-67

幅を変えたコーチドトレリスステッチやフレンチナッツステッチが
ポイントになった縦長の図案。トランシルヴァニアではバゲットケースとして使いますが
裁縫道具を入れるなど、自由に使ってみてください。

チューリップモチーフのバッグ　How to make p.68-69

白地に白の糸でイーラートソクを刺繍した大人っぽいデザインのレッスンバッグ。
大きな道具も入り、床にそのまま置けて中身を取り出しやすいデザインです。

Tippet

ティペット *How to make* p.70

丸い形のお花はイーラートソクの象徴的な図案です。
淡い色の生地に白糸が映えて上品な仕上がりに。

お祝いなど特別な日には、民族衣装をまとう文化が根強く残るトランシルヴァニア。
メラ村で見せてもらった婚礼衣装や民族衣装のエプロンやスカートは、
どれを見ても色鮮やかなビーズがみっしりと刺繡されていて、
その美しさに溜息が出ました。日本ほどビーズの種類は豊富ではありませんが、
図案の魅力と作り手の手仕事への想いが、美しい衣装を作り上げています。
もちろん、ハレの日の衣装だけではなく、オーナメントやコースターといった雑貨にも
ビーズ刺繡がほどこされており、普段の暮らしの中にも
ビーズ刺繡を見ることができます。

ビーズ刺繡 *Part.*3

Ornament

ハートのオーナメント *How to make* p.72-73

黒地に刺繡したビーズが映える華やかなオーナメント。
使うビーズを変えると、全く違う印象の作品が仕上がります。

Frame

バラモチーフのフレーム *How to make* p.71

トランシルヴァニアのバラモチーフを元に
アースカラーのビーズでシックにまとめました。

Brooch

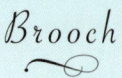

花のブローチ

How to make p.74

ちいさな花をいくつか組み合わせて、ブローチに配置。
ビーズがきらめく、存在感あるブローチになります。

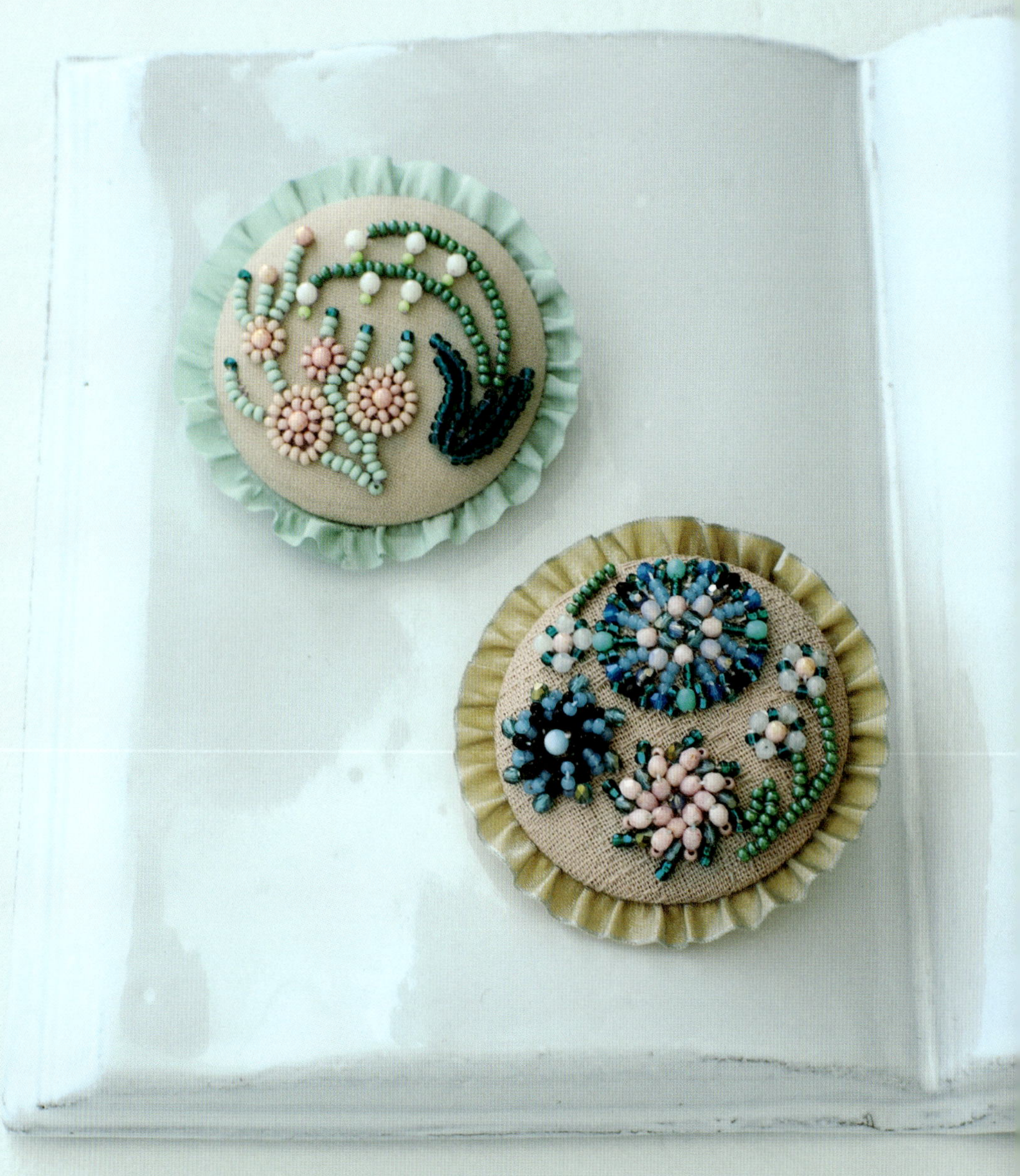

白い花のビーズ刺繡 How to make p.75

トランシルヴァニアでは、緑や黒など濃い色の布地に
ビーズ刺繡をした衣裳も多くみられます。

Shoulder bag
ビーズ刺繍のショルダーバッグ *How to make* p.76-77

トランシルヴァニアでよく使われている竹ビーズをあしらいました。
バッグにあわせて、タッセルにもビーズを使って統一感を。

Cartonnage

いちごモチーフのビーズ刺繍 *How to make* p.78
*布箱の仕立て方は掲載していません

少し大きめのビーズを使って、立体感を出すのがポイント。
ここでは布箱のふたに仕立てていますが、好みでフレームに入れて飾ったり、
クロスの端に刺繍したりしてもよいでしょう。

お隣の国、ハンガリーの刺繍文化の影響が色濃いとされるトランシルヴァニア。
ハンガリーのカロチャ刺繍を思わせるようなサテンステッチを使った刺繍が、
エプロンやスカート、婚礼の衣装などに使われています。
カロチャ刺繍とくらべると、より素朴で可愛らしい印象。
ビーズをアクセントとしてプラスし、華やかに仕上げたりもするようです。
最近では、サテンステッチのようなミシン刺繍がほどこされたテープが市販されていて、
それをエプロンやスカートに縫い付け、手刺繍とあわせて仕上げることも多いそうです。

サテンステッチの花刺繍 *Part.*4

Coaster

コースター　*How to make* p.79

お花のワンポイント刺繍のコースター。重ねた2枚の布の形は同じですが、
上の布にほどこすボタンホールステッチの仕方を変えるだけで
それぞれ違うデザインの作品が仕上がります。

Mat

花柄のマット *How to make* p.80

赤と白の配色が素朴で美しい花柄。
サテンステッチをふっくらと刺しましょう。

Sampler

チューリップとカーネーションの花刺繍 *How to make* p.81

赤やピンク、緑や紫などたくさんの色を使った配色は
ハンガリーのカロチャ刺繍にも通じるものがあります。

Sampler

緑と黒の花刺繍　*How to make* p.82

緑と黒のシックな配色は、トランシルヴァニアでは古くからよく使われており、
黒は日本で考えるよりもずっと身近な色として親しまれてきました。

Detachable collar & Cuff

つけ衿とつけ袖　*How to make*　p.83-85

黒い生地に赤い花、緑の葉っぱという伝統的な配色で
つけ衿とつけ袖をセットで仕立てました。

35

Covered button

くるみボタンとボタンホール
ステッチの花刺繍 *How to make* p.86

くるみボタンにもぴったりの花刺繍。ボタンホールステッチとペアのデザインを5種類紹介します。

アーラパクタ村でたくさんのクロスステッチの作品を見せてくださったのはエニコさん。
タペストリーなどの大きなものからブックカバーやしおりといった小さな雑貨まで、
さまざまなものを作っています。単色でも刺繍に抑揚がつくように、
ロングアームドクロスステッチを使っているのが大きな特徴。
このステッチは柄を繰り返す幾何学模様に向いています。
そのほか、バラやチューリップ、鳥の図案がよく見られます。
これらはどれも幸福の象徴として昔から好まれてきたモチーフ。
鳥は二匹を向かい合わせるようにして描くことが多いそうです。

クロスステッチの刺繍 *Part.5*

Drawstring pouch

レース模様の巾着 *How to make* p.89

クロスステッチで表現したレース模様とともに
布をカットしてリボンを通し、ハシゴレースのように仕立てました。

Sampler

レース模様とバラのモチーフ *How to make* p.87-88

クロスステッチの整然とした美しさが強調されるレース模様。
それだけで、部屋のインテリアにもなります。

Book jacket

ブックカバー *How to make* p.90

トランシルヴァニアで使われることの多いロングアームドクロスステッチは
繰り返しの多い幾何学模様にぴったりのステッチです。

Mat

幾何学模様の敷きもの　*How to make* p.89

濃い色の布地の上に、鮮やかな赤と明るい白が映え、
どこか厳粛な雰囲気をまとっています。

Sampler

クロスステッチの小さなモチーフ How to make p.91

図案が繰り返される幾何学模様も魅力ですが
ワンポイントもまた可愛らしいものです。

日本のこぎん刺しのような直線縫いの刺繍に出合いました。
布の端から端まで、糸を表裏にわたしながら針を一方向にまっすぐ進ませ、
糸が表に出た部分が柄となります。マカウ村で見せてもらったこの刺繍は
"bújtatással" と言うそうで、意味は「トンネル効果のある刺繍」。
日本語や英語にはぴったりの言葉も技法もありません。
布目を数えながら刺繍していくという点で、
カウント刺繍の一つと言うことができるのではないかと思います。
表に出た糸がふんわりとしている仕上がりは、トランシルヴァニアのほかの刺繍には
あまり見られない特徴かもしれません。

カウント刺繍 *part.*6

Pincushion & Card case

どんぐりモチーフの針さし
すずらんモチーフのパスケース *How to make* p.92-93

シンプルなステッチなのに、モチーフが浮かび上がる楽しさがあります。
手のひらサイズの小物なら、カウント刺繍も試しやすいでしょう。

Pouch
いちごとベリーモチーフの小さなポーチ *How to make* p.94

幾何学模様のように見える刺繍の中に、いちごとベリーが隠れています。
刺繍糸と同じ赤い色の生地と組み合わせ、かんたんなポーチに仕立てました。

Mat

幾何学模様の敷きもの　*How to make* p.95

お裁縫箱や小物入れの中に使える、小さな敷きもの。
ふたを開けたときにだけ見える、贅沢なおしゃれです。

この本の刺繍について

＊準備するものと基本のステッチ

この本では、トランシルヴァニアで出合ったさまざまな刺繍を元に考えた図案を掲載しています。それぞれの刺繍にメインとして使われている材料やステッチの仕方をまとめましたので、各作品を作る際には48ページを一読してから材料を準備し、49〜55ページを参照しながら作り進めてください。

＊掲載作品の作り方

○小物を仕立てるときは、布を裁断する前に刺繍をします。布を必要サイズにカットしてしまうとお手持ちの刺繍枠にはまらなかったり、刺繍している間に布端がほつれてきたりしてしまうため、布は必要量より余分に準備しましょう。56ページからの材料表では、必要なサイズに「以上」とつけて、「12×12cm以上」などと記載しています。
○小物に仕立てる際、特に指定がない限り縫い代は1cmです。
○クロスステッチとカウント刺繍は、布目を数えて刺繍していくため、図案を布に写す必要がありません。記載している大きさと実際の作品の刺繍の大きさとは異なります。カウント刺繍は刺繍枠を使った方がきれいに仕上がります。
○イーラーショシュ、イーラートソク、ビーズ刺繍、サテンステッチの花刺繍は、ほとんどの作品で100％（実寸大）の図案を記載していますが、一部拡大してご使用いただくものがあります。

準備するもの

刺繍糸、ミシン糸

アップルトン ⓐ はウールの刺繍糸。イーラーショシュ、イーラートソクでは2本どりで、カウント刺繍では4本どりで使用しています。毛糸は布を通すたびに摩耗していくので、あまりこすれないように針は大きめのものを使用し、4本どりなど偶数どりの場合は2本の糸を針に通して折り返し、4本で使用するとよいでしょう。5番刺繍糸 ⓑ はサテンステッチの花刺繍で1本どりで、25番刺繍糸 ⓒ はクロスステッチで1～2本どりで使用。ミシン糸60番 ⓓ は2本どりでビーズ刺繍で使っています。目立たないように布に近い色を準備しましょう。

＊アップルトン（越前屋）／25番刺繍糸、5番刺繍糸（DMC）

針、刺繍枠

イーラーショシュ、イーラートソク、サテンの花刺繍にはDMCのシェニール針22番 ⓐ、ビーズ刺繍にはクロバーのビーズ刺しゅう針細取合せ ⓑ、クロスステッチにはDMCのクロスステッチ針26番 ⓒ、カウント刺繍にDMCのタペストリー針18番 ⓓ を使用しています。刺繍枠は作りたいものにあった大きさを。小さい作品を作る場合でも、刺繍枠にはまる大きさの布を準備しましょう。

＊シェニール針、クロスステッチ針、タペストリー針（DMC）
ビーズ刺しゅう針（クロバー）

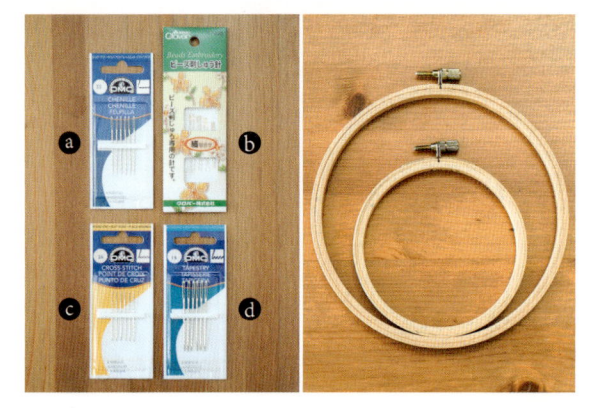

布

ウールの糸を使うイーラーショシュやイーラートソク、ビーズ刺繍は刺繍後にアイロンがかけられないため、薄いものよりも少し厚手のほうが仕上がりがきれいです。本書ではジョージア ⓐ という生地を使いましたが、なければオックスフォードでもよいでしょう。クロスステッチにはスクエアリネン10目 ⓑ 他を、カウント刺繍にはコスモジャバクロス55 ⓒ を使いました。

＊ジョージア（鎌倉スワニー）
スクエアリネン10目、コスモジャバクロス55（越前屋）

ビーズ

大きさが同じものを使っていただければ、ほぼ図案と同じ刺繍ができます。色や形は好みでお好きなものをお使いください。本書で使用した主なビーズは、竹ビーズ ⓐ ⓖ、ウッドビーズ ⓑ、ラウンドビーズ ⓒ、カットビーズ ⓓ ⓔ、丸小ビーズ ⓕ、スパンコール亀甲型 ⓗ、平丸型 ⓘ です。

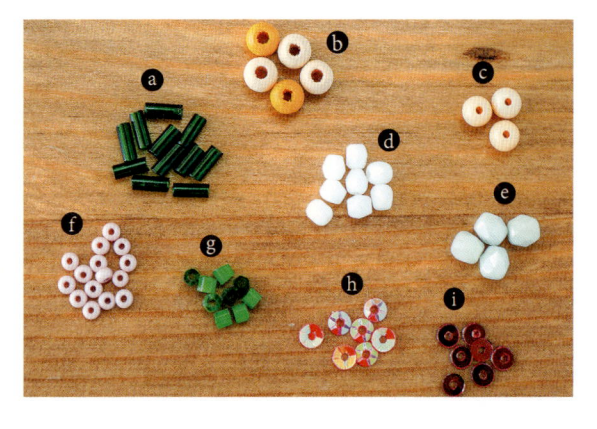

イーラーショシュのステッチ

ボタンホールステッチ

イーラーショシュでよく使われるステッチで、片方のエッジが強調された仕上がりになります。線を描くほか、花びらや布端のあしらいにも使用。

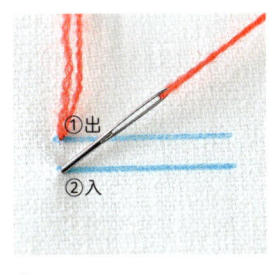

❶エッジを作りたい側から針を出す。ここでは①から出てまっすぐ②に入れる。

❷①の進行方向とは逆側のすぐ隣③に出す。

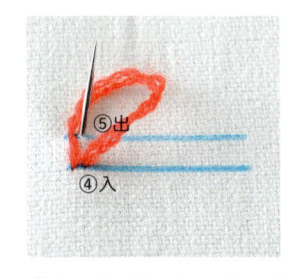

❸②の隣の④に入れ、糸を引ききらずに輪を残し、⑤に針先を出す。輪は針の外側になる。

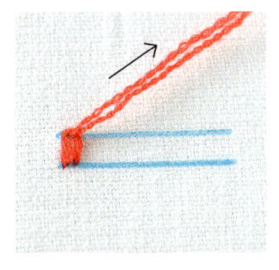

❹⑤の針を引き抜き、❸で輪になっていた糸がしまる。

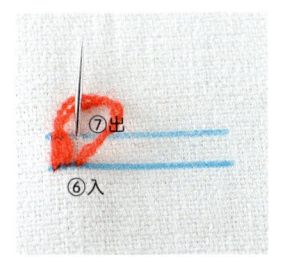

❺糸を引ききらずに輪を残して⑥に入れ、⑦に針先を出す。輪は針の外側にかかる。

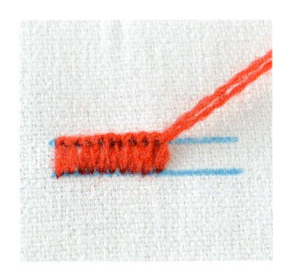

❻繰り返し、刺繍する。上側にエッジが出る。

❼針を入れる幅を加減することで、仕上がりの糸の詰まり具合が変わる。

❽最後はエッジの外側から針を裏に入れる。

◎カーブがあるとき

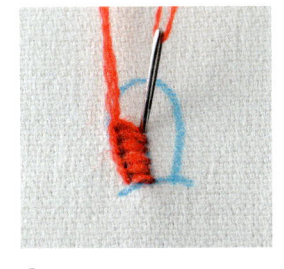

❶カーブにさしかかったら、外側は針を進め、内側はカーブの終わりまで同じ穴に戻す。

❷❶と同様に内側は同じ穴に戻しながらカーブを刺繍していく。

❸直線に戻ったら、内側も外側と一緒に進む。

❹外側にエッジのあるカーブができる。花びらなどはこの方法で刺繍する。

ホイールボタンホールステッチ

ボタンホールステッチの要領で円を刺繍するときに使います。円の大きさや描きたい図案によって線の多さを調整しましょう。

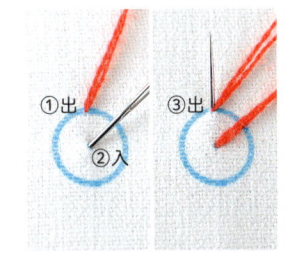

❶円周①から円の中心②へ針を入れ、①の進行方向とは逆側の③に出す。

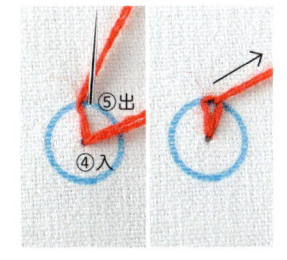

❷中心④に入れ、糸を引ききらず輪を残して、⑤で輪が外側にかかるように出す。糸を引く。

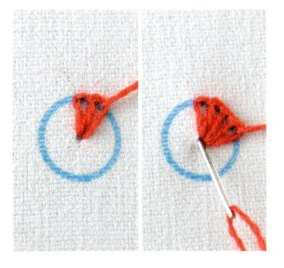

❸繰り返し、進む。常に円の中心の穴に戻す。

❹一周したら、糸をエッジの外側から裏に入れる。

**トライアングル　その名の通り、三角形に仕上がるボタンホールステッチ。
ボタンホールステッチ**　この本では、鳥の羽を表現したり、布端の飾りとして使っています。

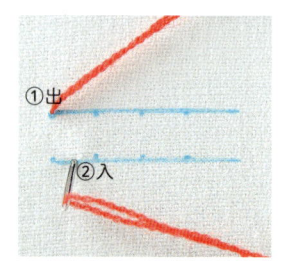

❶刺繍したい幅で印をつけておく。ここでは1cm幅。①から出て幅の半分の②に針を入れる。

❷③は①と同じ穴に戻す。

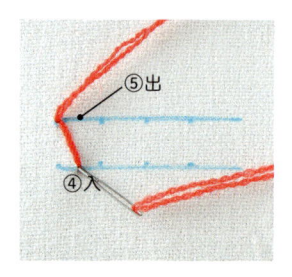

❸④は②と同じ穴に入れる。このとき、糸を引ききらずに次の⑤を刺す。

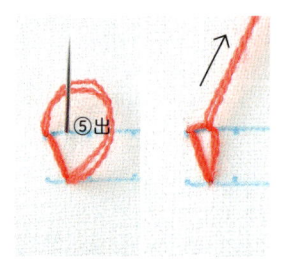

❹糸の輪が外側にかかるように⑤から針を出し、糸を引く。

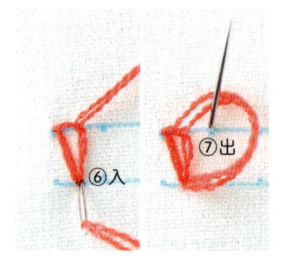

❺⑥は②④と同じ穴に戻し、糸を引ききらずに、輪が外側にかかるように⑦に針を出す。

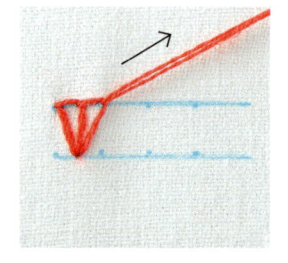

❻糸を引く。これでトライアングルボタンホールステッチが1つ完成。

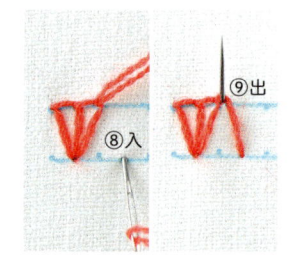

❼同様に繰り返し、刺繍する。

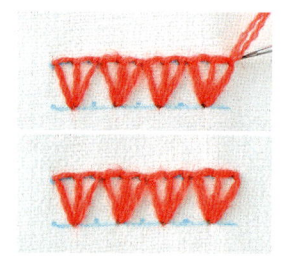

❽最後はエッジの外側から針を裏に入れる。

**オープンチェーン　チェーンステッチが広くあいた形で、両方のエッジが強調される仕上がりに。
ステッチ**　トランシルヴァニアでは、地方によってこちらを使った作品も多くあります。

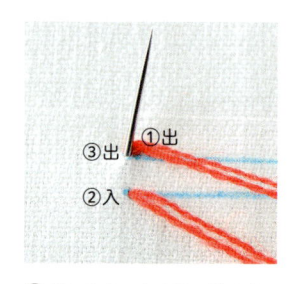

❶①からまっすぐ②に針を入れ、①の進行方向とは逆隣の③に出す。

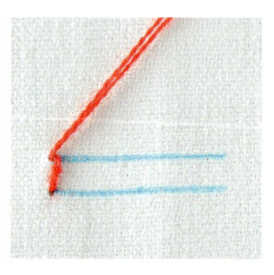

❷糸を引いたところ。

❸④は②と同じ穴に入れる。輪が外側にかかるように⑤から針を出す。糸は引ききらない。

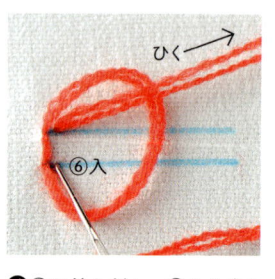

❹⑥に針を刺し、⑤から出た糸を手で引く。

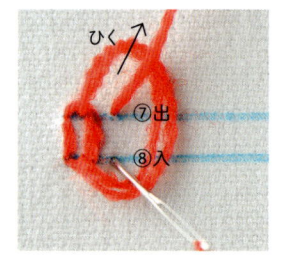

❺糸を引いたところ。

❻⑦から出した糸を引ききらずに⑧に入れ、糸を手で引く。同様に繰り返す。

❼針を入れる幅を加減することで、仕上がりの糸の詰まり具合が変わる。

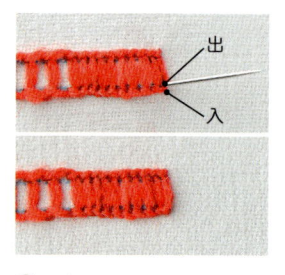

❽最後は針をエッジの外側から裏に入れる。

イーラートソクのステッチ

コーチドトレリスステッチ ⓐ
格子状の刺繍をベースとして、仕上げ方を工夫することで、バリエーションを楽しめるステッチです。

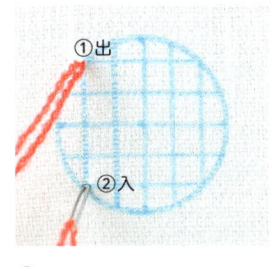

❶ 格子を刺繍するときは、縦糸をすべて刺繍したあとに横糸を刺繍する（逆でも可）。

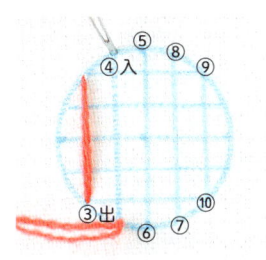

❷ ②のすぐ横の③から糸を出す。こうすることで糸が裏にあまりわたらない。

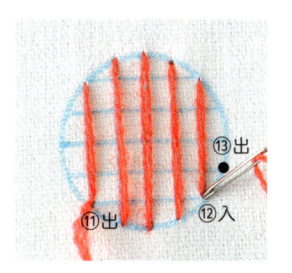

❸ 横も同様に刺す。⑫のあとはすぐ上の端⑬に出す。

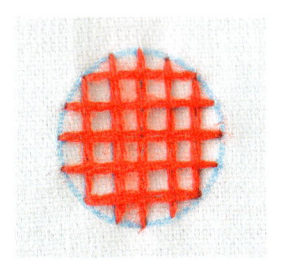

❹ 縦糸と横糸を刺繍し、格子状になったところ。

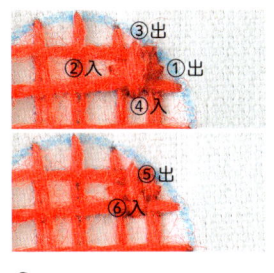

❺ 格子1マスの糸の外側から十字に刺繍し、交差部分に斜めに刺繍する。

❻ 格子1マスごとに刺繍する。❺で糸をわたす向きはすべてそろえるときれいに仕上がる。

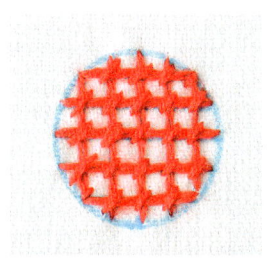

コーチドトレリスステッチ ⓑ

❶ ⓐの❶〜❹を参照して格子を刺繍する。交差部分に斜めに刺繍する。

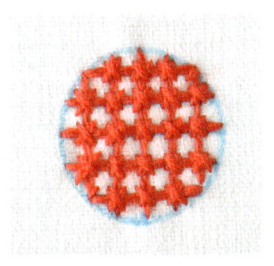

❷ クロスさせて刺繍する。格子のすき間にフレンチナッツステッチをして仕上げてもよい。

コーチドトレリスステッチ ⓒ
十字模様が並ぶ格子。マス目を数えるのを間違えないように。

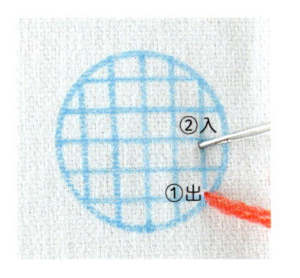

❶ 2マスの内側に糸がわたるように①から出し、②に入れる。

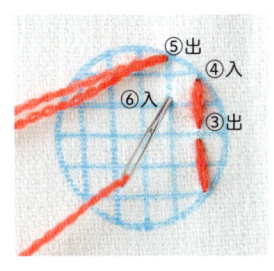

❷ 隣の列は、半マスずらして、縦糸をすべて刺繍する。

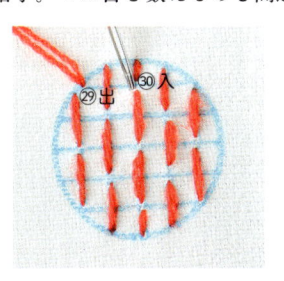

❸ 横糸も格子2マスの内側に糸がわたるように刺繍する。

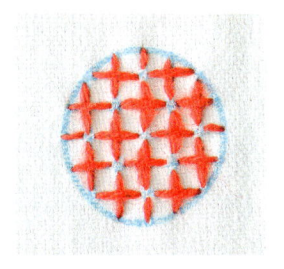

❹ 十字が並ぶ格子状に仕上がる。

アウトラインステッチ
イーラートソクでは、アウトラインステッチは面を埋めるためによく使われます。

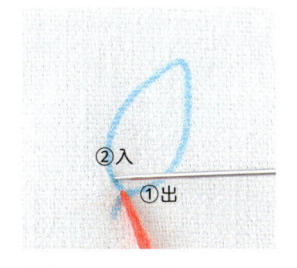

❶ ①から出し、②に入れるときは図案の線の内側に入れる。

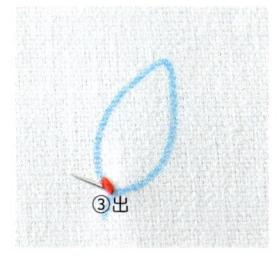

❷ ❶で刺繍した糸の外側、長さの半分のところ③から出す。

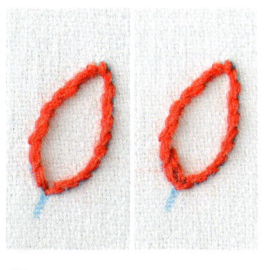

❸ アウトラインを一周したら、それに沿わせて内側を刺繍する。

❹ 順に内側を埋めていき、仕上げる。

51

ビーズのステッチ

ビーズの場合

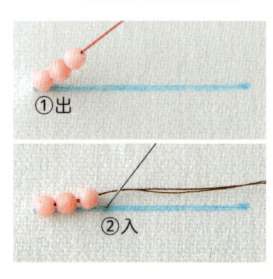

❶ 糸に通すビーズは多いとゆるみやすいので3〜5個がよい。ビーズ半個ほど先で針を入れる。

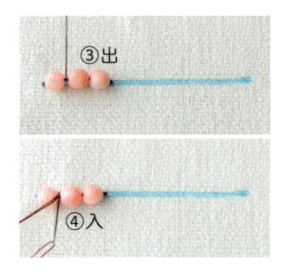

❷ ビーズとビーズの間の糸を、糸で留める。すべての箇所で同様にする。

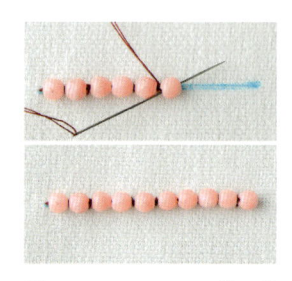

❸ 最後のビーズに針を通し、次のビーズとのつながりを自然にする。

❹ 次のビーズを入れ、❶〜❸を繰り返して留めていく。最後は針を裏に出して仕上げる。

ビーズフラワーの場合

❶ 内円、外円、分割線を描く。内円①から出した糸にビーズを通し、一つ先の外円②に入れる。

❷ 内円③から出した糸にビーズを通し、一つ先の外円④に入れる。こうして渦巻状になる。

❸ 一周刺繍したら、その間を別のビーズで埋める。

❹ 中心にビーズを留め、仕上げる。

スパンコール ⓐ 並べる場合

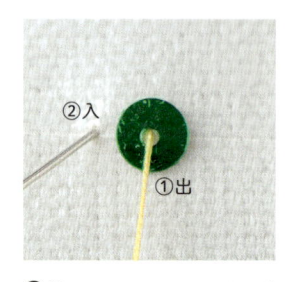

❶ ②は、スパンコールより少し離れたところに入れるのがポイント。

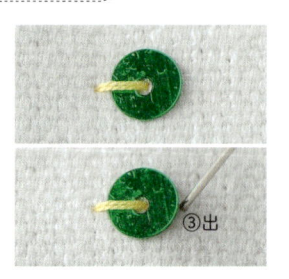

❷ 片方を留めたら、スパンコールの外側③から針を出す。

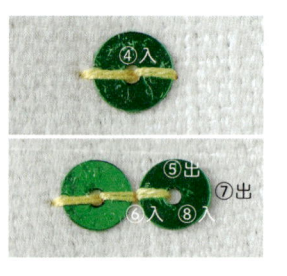

❸ 穴に入れて留め、次のスパンコールを❶と同様に留める。

❹ 繰り返して仕上げる。

スパンコール ⓑ 重ねる場合

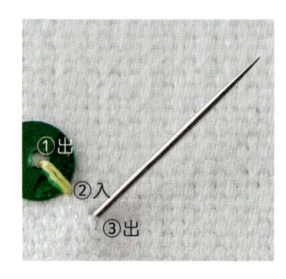

❶ 1つめを片側だけ留めたら、進行方向に半個分の箇所③に出す。

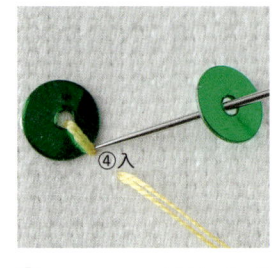

❷ スパンコールを通して、④(②と同じ位置)に入れる。

❸ 半分重なり、留まった状態。

❹ 繰り返して仕上げる。

サテンの花刺繍のステッチ

サテンステッチ

絵を描くように面を埋めていくサテンステッチは自由度の高いステッチ。図案の輪郭に垂直に糸を運ばず、斜めにするのがきれいな形に仕上げるコツです。

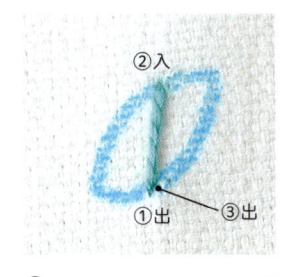

❶図案の中心からはじめる。①から出して②に入れ、①の隣に③を出す。

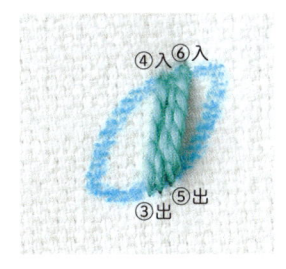

❷①→②の方向にそろえて、③→④、⑤→⑥と常に同じ方向に糸をわたしていく。

❸半分刺繍できたら、もう半分も同じ方向に進める。

❹糸を斜めにわたすことで、輪郭がなめらかな仕上がりになる。

ストレートステッチ

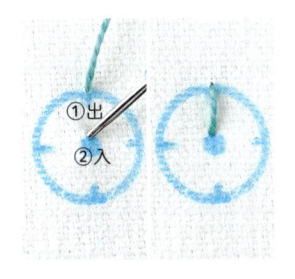

❶ストレートステッチは糸を真っ直ぐにわたすだけのステッチ。

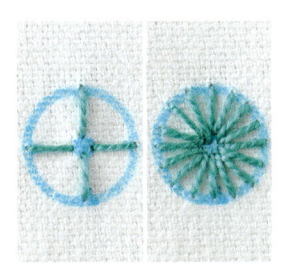

❷放射状にするときは、先に十字に刺繍してから間を埋める。

フレンチナッツステッチ

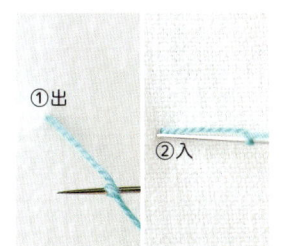

❶①から出した針に糸を1〜2回巻き、①の隣②に入れる。

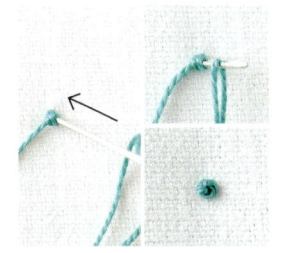

❷巻いた糸を布に下ろし、大きさを確認して針を裏に出す。

カウント刺繍のステッチ

カウントステッチ

1列めを刺繍したら折り返し、2列めでは逆向きに針を進めます。

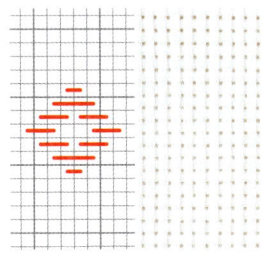

❶布の穴から穴へ糸をわたした線で図案を刺繍する。

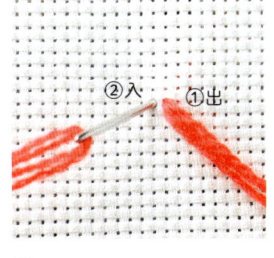

❷①から出て②に入れる。

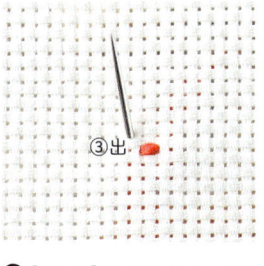

❸②上の③に針を出す。このとき逆側（①の上）に出さない。

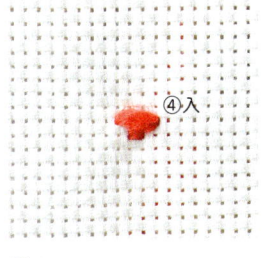

❹④に入れたところ。次は④の上に⑤を出す。

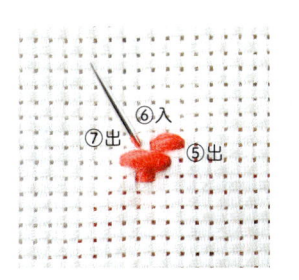

❺図案にあわせて途中のマスをとばしながら、進める。

❻3段めが終わったところ。

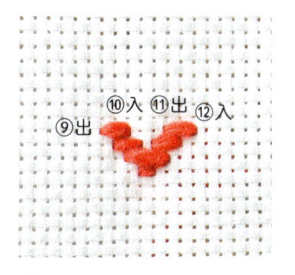

❼4段めが終わったところ。

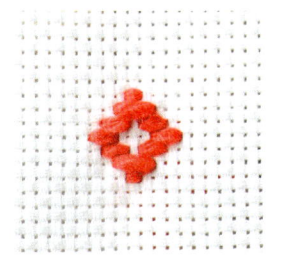

❽仕上がり。

クロスステッチ

クロスステッチ 糸の重なり方を同じにするのが、きれいに仕上げるコツ。ここでは
／を下に＼を上に説明していますが、図案や好みで作業しやすい方で構いません。

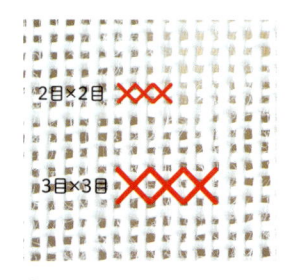

❶図案にあわせて、布目を2目×2目、3目×3目でひろって刺繍する。

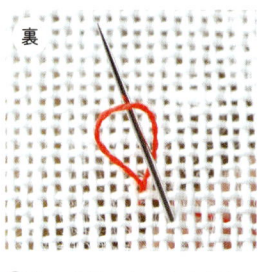

❷糸を半分にして2本どりにし針に通す。縫い始めは、輪を布裏に出し、針を通して留める。

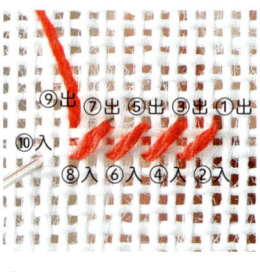

❸／を刺繍したら、裏で真上に上がり、連続して／を刺繍する。

❹一方向に／を一列刺繍し、針を表に出す。

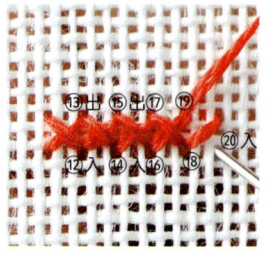

❺＼を刺繍しながら戻る。

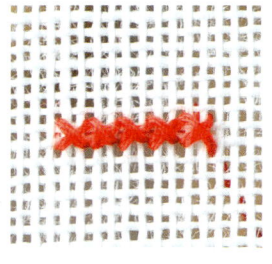

❻一列刺繍し終わったところ。

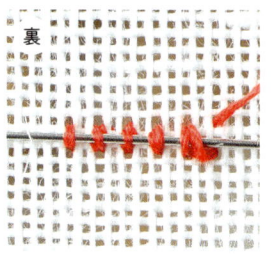

❼縫い終わりは、裏に出した針を刺繍した糸に何目か通す。

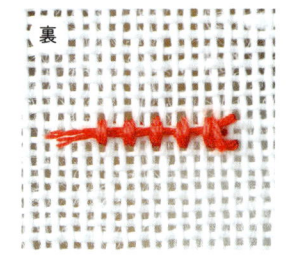

❽針を引き抜き、適当な長さで切る。

ロングアームドクロスステッチ その名の通り、✕の片方の／が長いステッチ。
クロスステッチと違い、一列ごとではなく1目ずつ刺繍していきます。

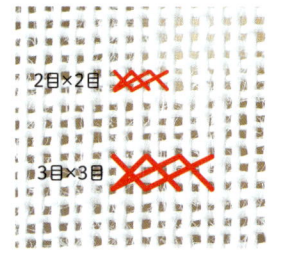

❶図案にあわせ、布目を2目×2目、3目×3目でひろう。ここでは4目×4目。

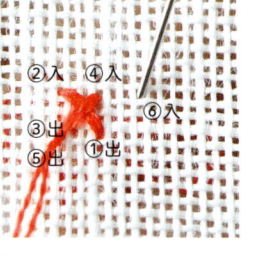

❷1マス✕を刺繍したら、③と同じ位置の⑤に針を出し、1マスとばした⑥に入れる。

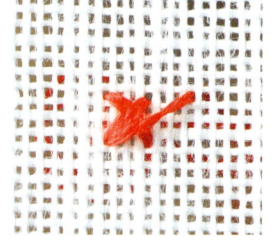

❸⑥に糸を入れたところ。

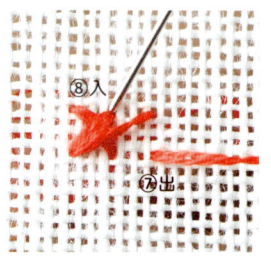

❹⑥の下⑦から出し、④と同じ位置の⑧に入れる。

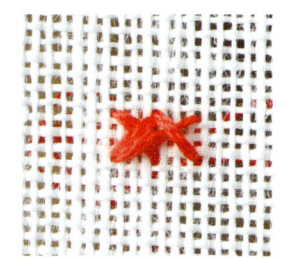

❺⑧に入れたところ。

❻⑧の下⑨から出し、1マスとばした⑩に入れる。

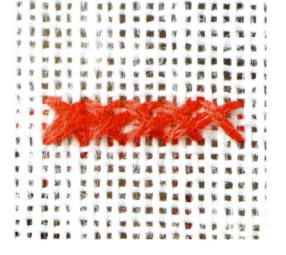

❼一列めが終わったところ。

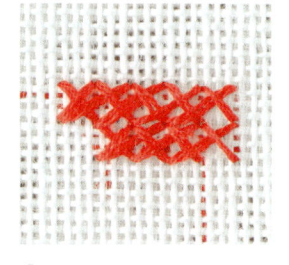

❽二列めが終わったところ。

54

縁飾り

針でする縁編み

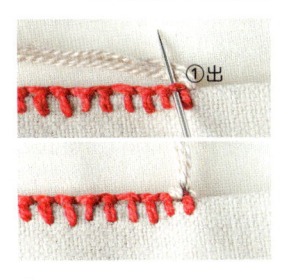

❶ボタンホールステッチの外側に針を出し、1目めに針をくぐらせ、糸をかけて引き抜く。

❷5目進んだら1段めの完成。2段めは隣の目に針をくぐらせ、糸をかけて引き抜く。

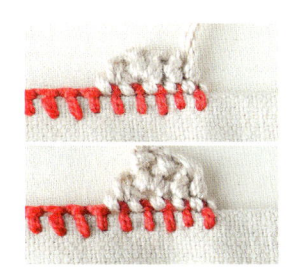

❸4目進んだら2段めの完成。さらに隣の目から2目進んで3段めを作る。

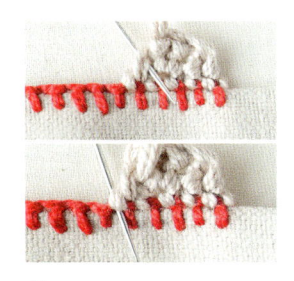

❹2段めの端の目に後ろから針をくぐらせ、さらに1段めの端の目にも針をくぐらせる。

❺1つ縁飾りが完成したら、すぐ隣のボタンホールステッチの目に針を通し、同様に繰り返す。

松編み

❶作り目を後ろから表に出し、かぎ針を通して糸をすくう。1目とばした3目めにくぐらせる。

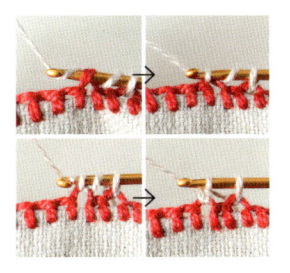

❷糸をすくい、ボタンホールステッチの目から引き抜く。さらに糸をすくい、2目引き抜く。

❸かぎ針に2目かかった状態のまま糸をすくい、2目引き抜く。

❹あと6回繰り返し、同じ穴に7回通す。1目とばした5目めにくぐらせ、糸をすくって引き抜く。

❺もう一度糸をすくって引き抜く。ボタンホールステッチ5目で1アーチが完成。同様に繰り返す。

❻別糸で作り目を後ろから表に出す。アーチの一番外側の目をくぐらせて糸をすくい、引き抜く。

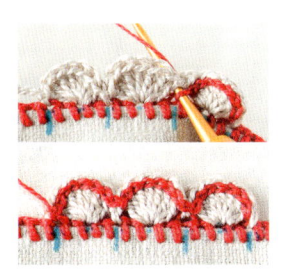

❼同様に繰り返し、縁どりする。

スカラップボタンホールステッチ

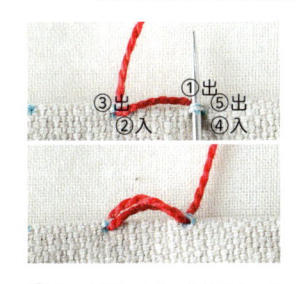

❶布の内側から表に針を出し、往復させて2本の糸がわたるようにする。ゆるまないよう注意。

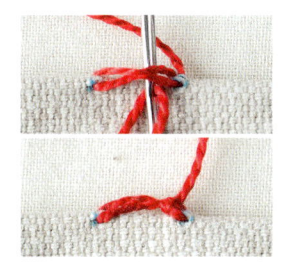

❷❶の2本の糸に針の頭をくぐらせ、糸をかけて引き抜く(ボタンホールステッチ)。

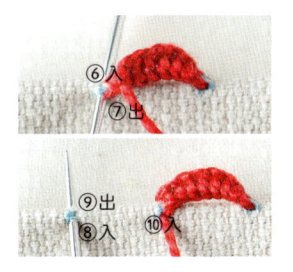

❸❶の糸が埋まるまで繰り返し、次へ。布の後ろから針を出し、❶と同様に糸を往復させる。

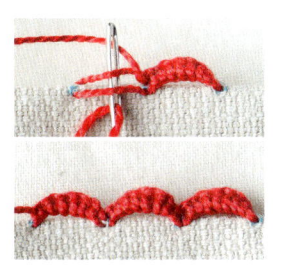

❹❷と同様に❸で作った2本の糸に針の頭をくぐらせ、ボタンホールステッチを繰り返す。

オーナメント → p.06

❀ 準備するもの ❀

【a】アップルトン941（2本どり）
【b】アップルトン944（2本どり）
【c】アップルトン946（2本どり）
【d】アップルトン946（2本どり）
【e】アップルトン504（2本どり）
【f】アップルトン502（2本どり）
ひも……適量
布……8×8cm以上
シェニール針22番、縫い針、縫い糸

❀ 作り方 ❀

❶図案を布に写し、刺繍する（p.49参照）。
❷刺繍の形通りに布を切り、適当な長さに切ったひもを縫いつける。

◉ 刺繍図案 (100%)
＊指定以外はすべてボタンホールステッチ（p.49参照）

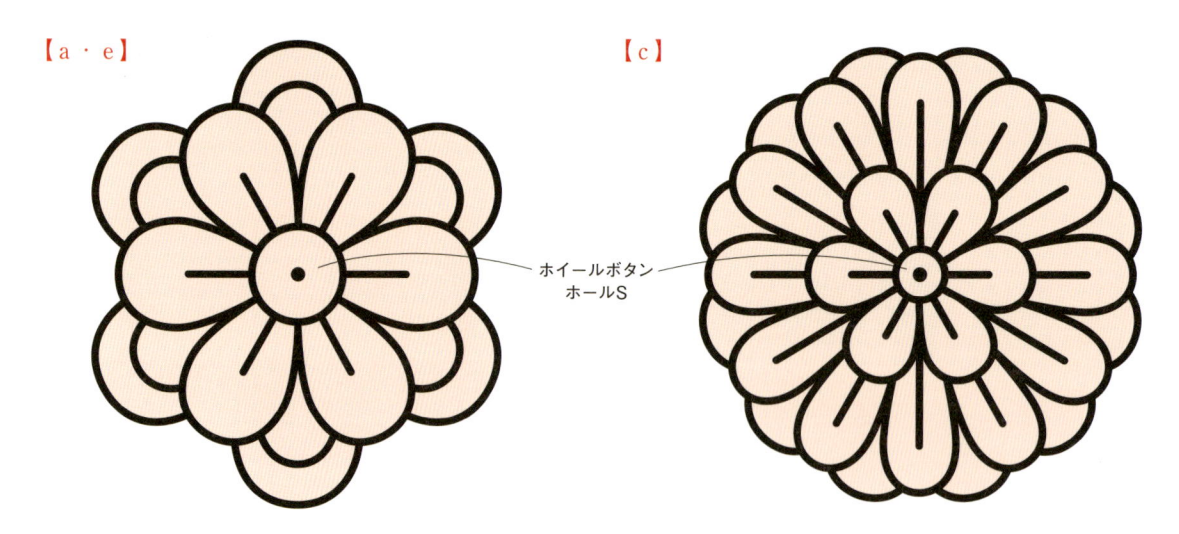

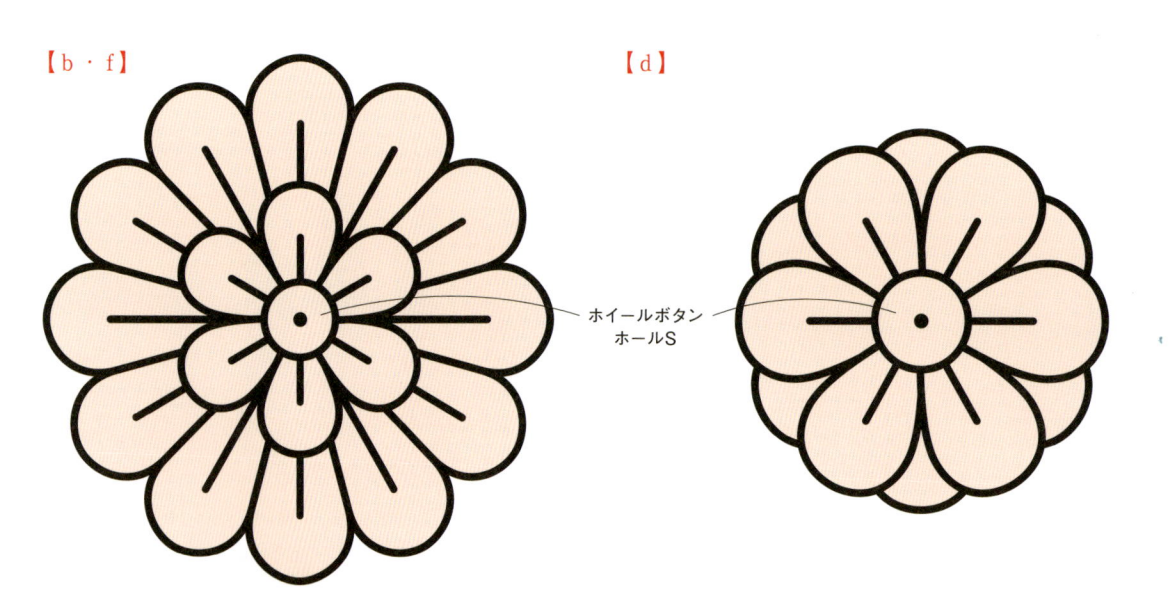

【a・e】

【c】　ホイールボタンホールS

【b・f】

【d】　ホイールボタンホールS

ピンクッション → p.07

❀ 準備するもの ❀

【赤】
アップルトン503（1本どり）
DMC 5番842（1本どり）
DMC 5番321（1本どり）
ウッドビーズ5mm（赤）……8個
リネン……直径14cm以上
厚紙……直径3.5cm
綿……適量
シェニール針22番、縫い針、縫い糸
かぎ針2/0号

【緑】
アップルトン437（1本どり）
アップルトン998（1本どり）
DMC 5番ECRU（1本どり）
DMC 5番699（1本どり）
ウッドビーズ4mm（ベージュ）……17個
リネン……直径14cm以上
厚紙……直径3.5cm
綿……適量
シェニール針22番、縫い針、縫い糸
かぎ針2/0号

❀ 作り方 ❀

❶ 布に図案を写し、中央の花柄を刺繍する（p.49、51参照）。
❷ 下記図案を参照し、❶の刺繍を囲むように縁飾りのためのボタンホールステッチをする（p.49を参照し、縦の糸は短めにする）。縁飾り1アーチあたり5目（隣合うアーチが同じ目に入る）。
❸ ビーズを縫いつける。
❹ ❷のボタンホールステッチに松編みで縁飾りをつける（p.55参照）。
❺ 綿を何度かに分けて入れ、丸く形作る。布端でギャザーを寄せてしぼり、縫いとめる。
❻ 厚紙を布で包み、ギャザーを寄せてしぼり、縫いとめる。これを❺に縫いつけ、底にする。

◎ 刺繍図案（100%）

【赤】 内径5.5cm

松編み(p.55参照)
ウッドビーズ5mm
アップルトン503
ボタンホールS 842
ボタンホールS
コーチドトレリスS
5番321
5番842

ウッドビーズ4mm
松編み(p.55参照)
ホイールボタンホールS アップルトン998
ブランケットS
アップルトン437
5番ECRU
5番699

【緑】 内径6.0cm

◎ ピンクッションの作り方図

❷ ボタンホールステッチをする。
ボタンホールS
14
赤 5.5
緑 6.0

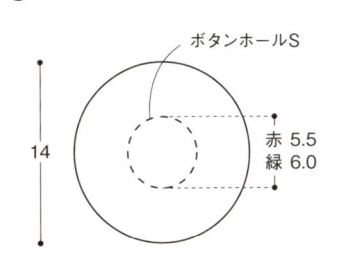

❺ 綿を入れて丸く形作る。
ギャザーを寄せてしぼる

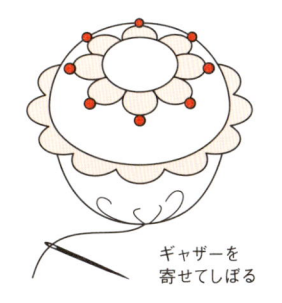

❻ 底を作り、縫いつける。 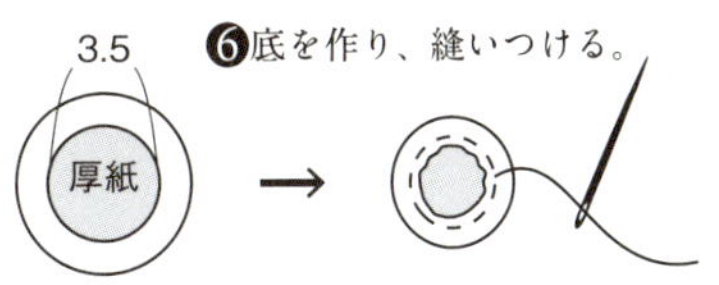
3.5
厚紙
厚紙を布で包みギャザーを寄せてしぼる
縫いつけて底にする

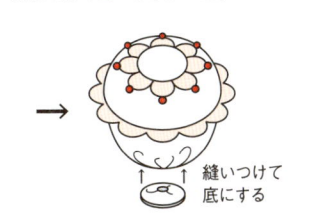

ハート柄のちいさな巾着 → p.08

❀ 準備するもの ❀
【赤】
アップルトン447（指定以外1本どり）
アップルトン981（指定以外1本どり）
【緑】
アップルトン528（指定以外1本どり）

布……12×35cm以上
2cm以上の巾のリボン……約25cm
ひもまたはリボン（赤または緑）……約50cm
シェニール針22番、縫い針、縫い糸

❀ 作り方 ❀
❶布に図案を写し、刺繍する（p.49～51参照）。赤のハートの周りにオープンチェーンステッチを囲むように、縁飾りのためのボタンホールステッチをする（p.49を参照し、縦の糸は短めにする）。1アーチあたり5目。これをベースにして、針でする縁編みをする（p.55参照）。
❷ひもまたはリボンを通す位置にボタンホールステッチをする（p.49を参照し、エッジが向かい合うようにステッチ）。真ん中をカットする。
❸口のところを1cm裏に折り返して縫い、ボタンホールステッチをする。
❹布を中表にして、両端を縫う。❷であけた穴にかぶせるように、2cm以上の巾のリボンを縫いとめる。このとき、リボンの片端は折りたたんで重ねる。
❺ひもまたはリボンを通す。

◎刺繍図案(100%)

【赤】
サテンS（2本どり）
針でする縁編み（2本どり）
ホイールボタンホールS
ボタンホールS
ストレートS
オープンチェーンS

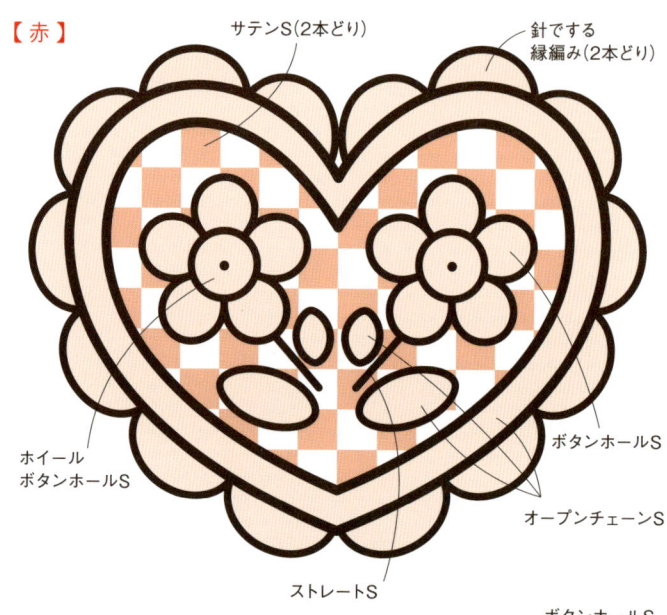

【緑】
ボタンホールS（2本どり）
ホイールボタンホールS
ボタンホールS

◎巾着作り方図

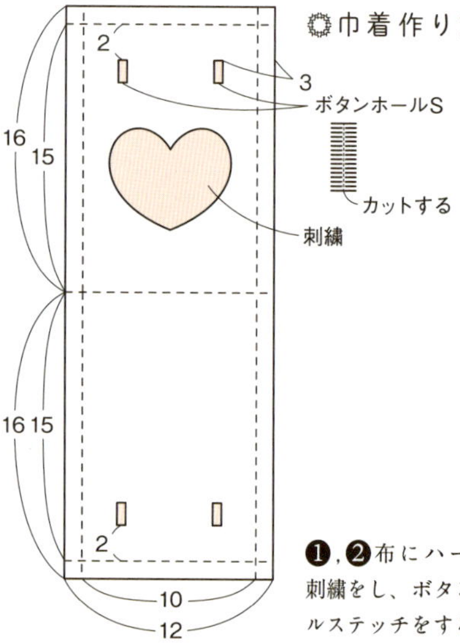

ボタンホールS
カットする
刺繍

❶,❷布にハートの刺繍をし、ボタンホールステッチをする。

❸口を折り、ボタンホールステッチをする。
【赤】　0.5　1
【緑】　1　1

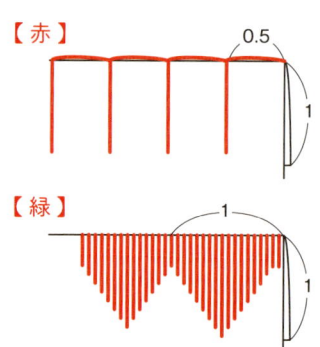

❹中表にして両端を縫い、リボンを縫いとめる。
2cm以上の巾のリボンを縫う
縫う
(裏)

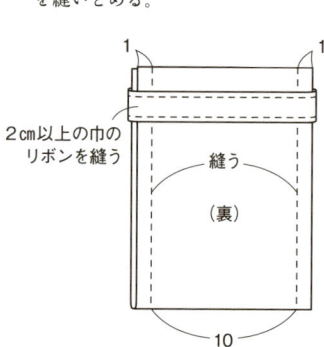

チューリップモチーフのクロス → p.09

❀準備するもの❀

アップルトン448（2本どり）
　……3かせ
布（ベージュ）……21×21cm以上
布（赤）……30×30cmを2枚
タッセル（好みで）……4つ
シェニール針22番、縫い針、縫い糸

❀作り方❀

❶布（ベージュ）に図案を写し、刺繍する（p.45、51参照）。
❷❶の四辺を1cm折り、右図を参照に1cm巾のトライアングルボタンホールステッチをする（p.50参照）。
❸布（赤）を中表にし、返し口を10cmほど残して周囲を縫う。表に返し、返し口をまつる。
❹❷を❸に縫いつける。好みで角にタッセルをつける。

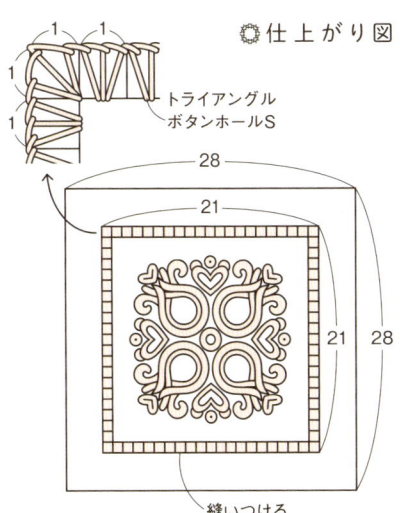

◎仕上がり図

トライアングルボタンホールS

28 / 21 / 21 / 28

縫いつける

◎刺繍図案（100%）
＊指定以外はすべてボタンホールステッチ（p.49参照）

ホイールボタンホールS

コーチドトレリスS

鳥とりんごモチーフのイーラーショシュ → p.10

❀ 準備するもの ❀

アップルトン447（2本どり）……2かせ
シェニール針22番

◎ 刺繡図案（100%）
＊指定以外はすべてボタンホールステッチ（p.49参照）
　その他のステッチはp.50～53参照

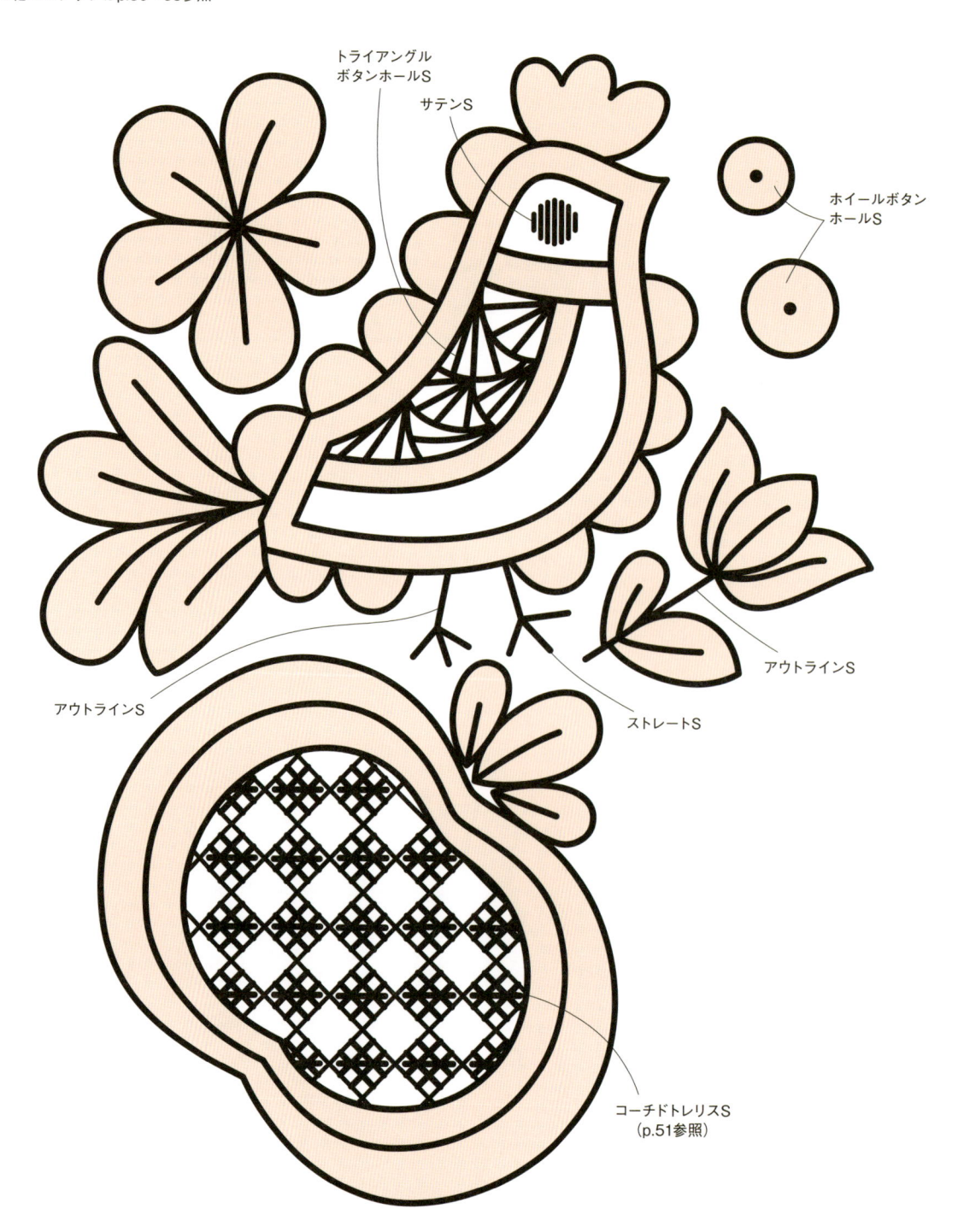

トライアングル
ボタンホールS

サテンS

ホイールボタン
ホールS

アウトラインS

アウトラインS

ストレートS

コーチドトレリスS
（p.51参照）

鳥とお花、葉っぱモチーフのイーラーショシュ → p.11

❁ 準備するもの ❁
アップルトン446（2本どり）……2かせ
シェニール針22番

◎ 刺繍図案（100%）
＊指定以外はすべてボタンホールステッチ（p.49参照）
　その他のステッチはp.51、53参照

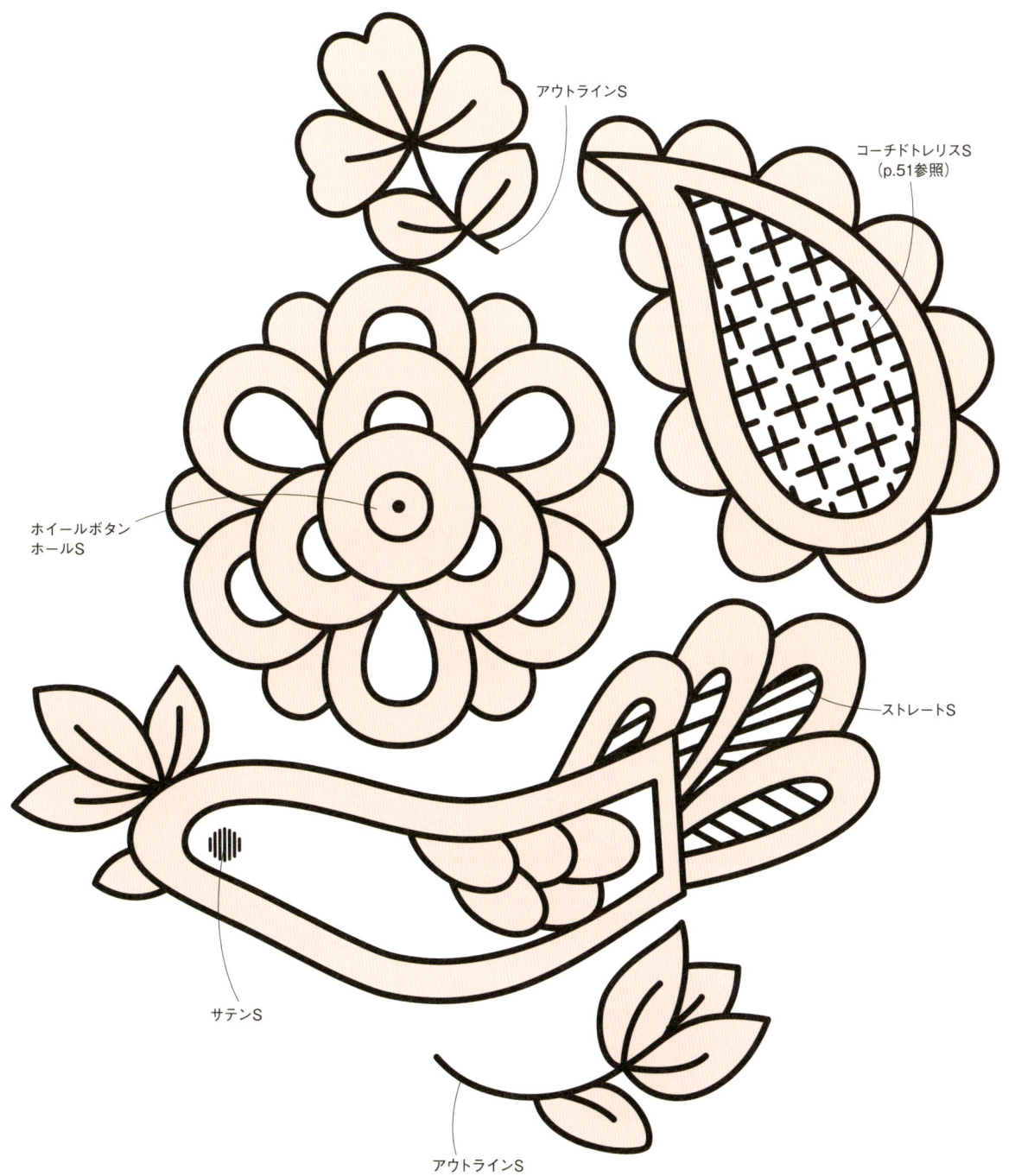

アウトラインS

コーチドトレリスS
（p.51参照）

ホイールボタン
ホールS

ストレートS

サテンS

アウトラインS

小物置き → p.12

❈ 準備するもの ❈

アップルトン883（2本どり）……2かせ
布……15×15cm以上
丸小ビーズ（白）……約60個
シェニール針22番、縫い針、縫い糸

❈ 作り方 ❈

❶図案を布に写し、刺繍する（p.49、右記参照）。
❷バックステッチの交差部分にビーズを縫いつける。
❸刺繍部分を残すように布を切る。

＊好みで、同じ大きさに切ったフェルトを裏布としてまつりつけてもよい。

◎ バックステッチの仕方

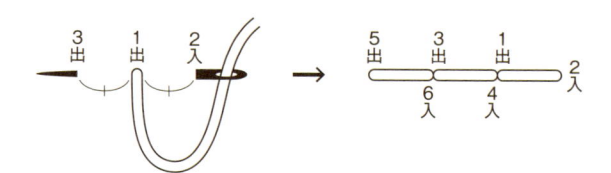

◎ ピコットの作り方

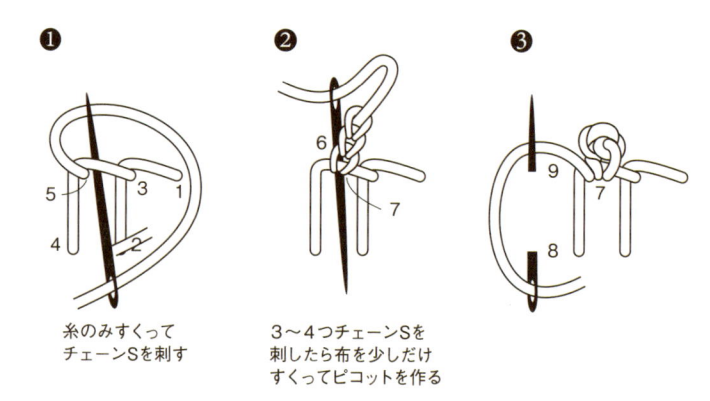

❶ 糸のみすくってチェーンSを刺す

❷ 3〜4つチェーンSを刺したら布を少しだけすくってピコットを作る

❸

◎ 刺繍図案（100%）

＊指定以外はすべてボタンホールステッチ（p.49参照）

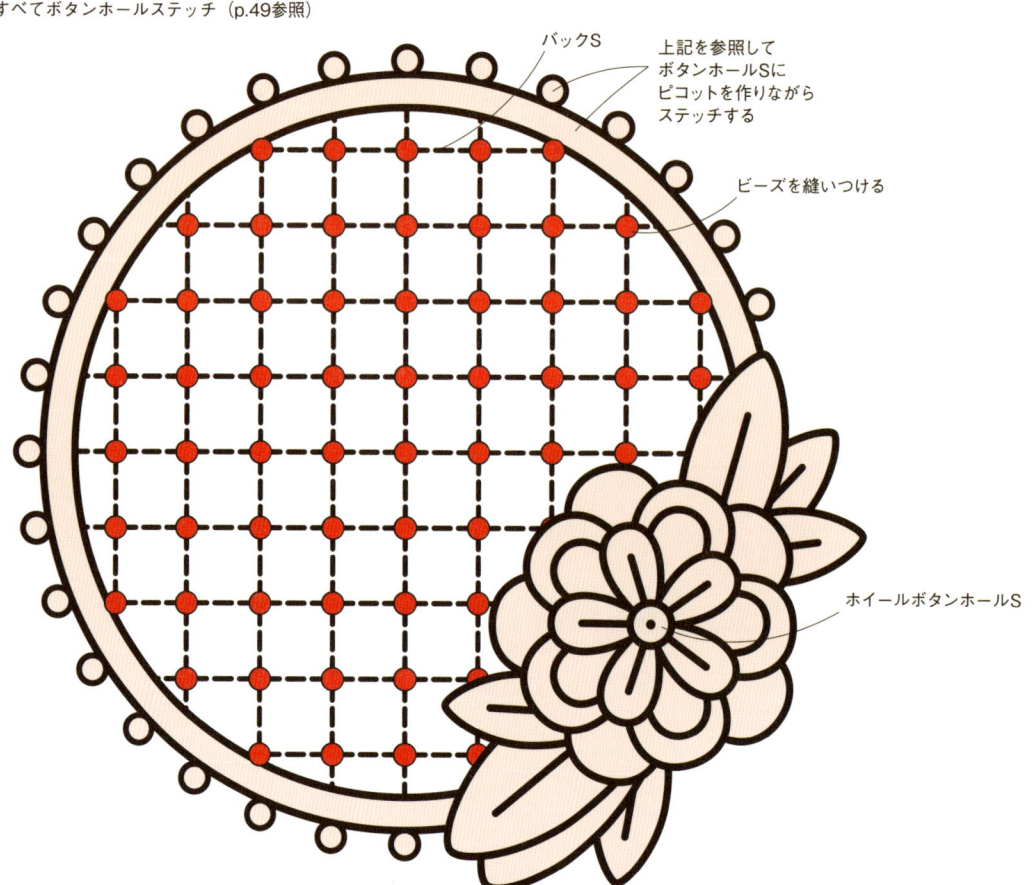

バックS
上記を参照してボタンホールSにピコットを作りながらステッチする
ビーズを縫いつける
ホイールボタンホールS

スマートフォンケース → p.14

❁ 準備するもの ❁

アップルトン447（2本どり）
布……7×13cm以上を2枚
レース（約1.5cm巾）……約35cm
ウッドビーズ6mm……1個
シェニール針22番、縫い針、縫い糸

＊上記布のサイズはi-Phone用です。お持ちのスマートフォンのサイズにあわせて布を裁断してください。

❁ 作り方 ❁

❶布に図案を写し、刺繍する（p.51、53参照）。
❷四辺にボタンホールステッチをし、布を裁つ。
❸刺繍糸で3cmほど鎖編み（チェーンステッチ）したひもを布の一方に輪にして縫いつけ、もう一方にウッドビーズを縫いつけ、口の留め具にする。
❹レースをマチにして布に縫いつける。

◎ 刺繍図案（100%）

＊指定以外はすべてアウトラインステッチ（p.51参照）

ストレートS
アウトラインS
コーチドトレリスS
アウトラインSを1周する

◎ スマートフォンケースの作り方

❶,❷お花の刺繍とボタンホールステッチをする。

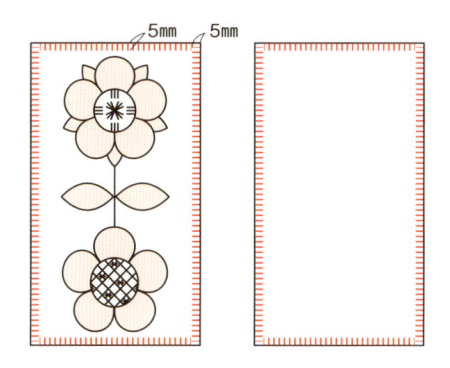

5mm 5mm

❸ウッドビーズとひもを縫いつける。

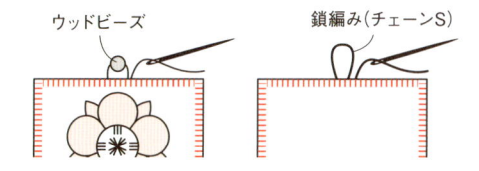

ウッドビーズ
鎖編み（チェーンS）

❹レースをマチにして布に縫いつける。

レース
レース

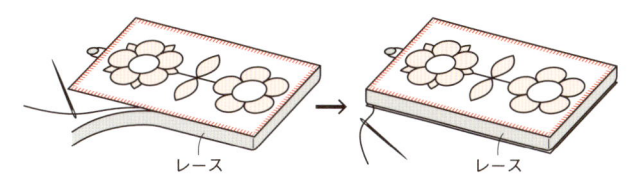

ミニクッション → p.15

❁準備するもの❁
アップルトン448（2本どり）……2かせ
布……22×22cm以上を2枚
約20cm四方のクッション
シェニール針22番

❁作り方❁
❶布に図案を写し、刺繍する（p.51、53参照）。
❷三辺を3つ折りにして1cm巾でボタンホールステッチ（p.49参照）でとじていく。
❸残りの一辺からクッションを入れ、1cm巾のボタンホールステッチでとじる。

❷ボタンホールステッチをする。

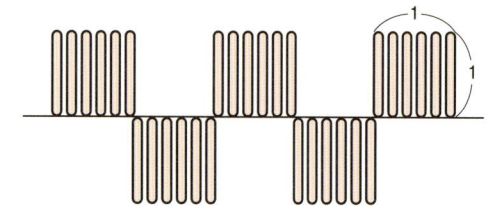

❸クッションを入れ、ボタンホールステッチでとじる。

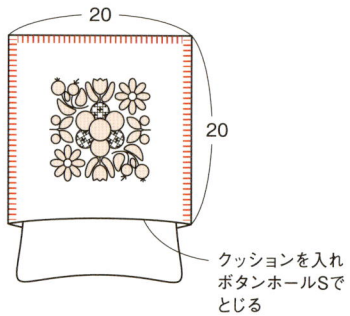

クッションを入れボタンホールSでとじる

◎刺繍図案（100%）
＊指定以外はすべてアウトラインステッチ（p.51参照）

アウトラインS
コーチドトレリスS
ストレートS

バゲットケース → p.16-17

❀ 準備するもの ❀

【赤】

アップルトン448（2本どり）……2かせ
布（ベージュ）……25×35cm以上
表布（赤）……25×40cm
裏布（赤）……25×75cm
スナップボタン……1組
シェニール針22番、縫い針、縫い糸

【黒】

アップルトン993（2本どり）……2かせ
布（ベージュ）……25×35cm以上
表布（黒）……25×40cm
裏布（花柄）……25×75cm
スナップボタン……1組
シェニール針22番、縫い針、縫い糸

❀ 作り方 ❀

❶布（ベージュ）に図案を写し、刺繍する（p.51、53参照）。
❷表布（ベージュと赤または黒）をはぎ合わせる。この部分が表布の底になる。
❸❷で底をはぎ合わせた表布と裏布（赤または花柄）を中表にし、返し口を残して入れ口を縫う。
❹❸を図のように入れ口が内側に入るように折りたたみ、周囲を縫う。ふたのカーブ部分の形がきれいに出るように、切り込みを入れる。
❺表に返して返し口を縫い、ふたにミシンをかける。スナップボタンを縫いつける。

◯ 仕上がり図

◯ 布裁ち図

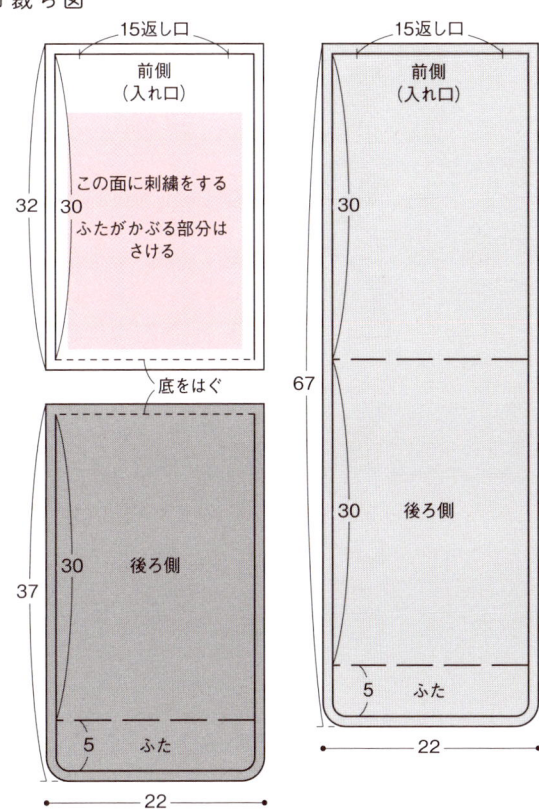

❷表布の底をはぎ合わせる。

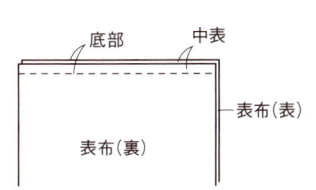

❸中表にして入れ口側を縫う。

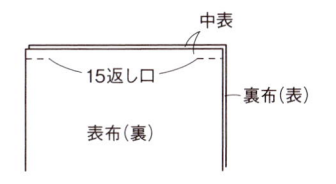

❹周囲を縫う。

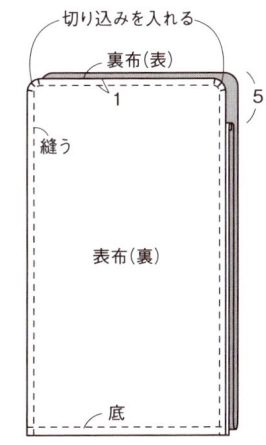

❺ふたにミシンをかけ、スナップボタンをつける。

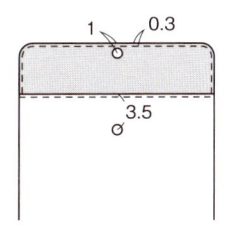

◎ 刺繍図案（100%）
＊指定以外はすべてアウトラインステッチ（p.51、53参照）

アウトラインSを2周する

コーチドトレリスS（1cm巾）

フレンチナッツS

◎ 刺繍図案（100%）
*指定以外はすべて
アウトラインステッチ
（p.51、53参照）

4mmウッドビーズ

フレンチナッツS

ストレートS

アウトラインSを2周する

アウトラインSを1周する

コーチドトレリスS（5mm巾）

コーチドトレリスS（7mm巾）

コーチドトレリスS

ボタンホールS

チューリップモチーフのバッグ → p.18

❀ 準備するもの ❀

アップルトン881（2本どり）……6かせ
布（表布側面）……50×21.5cmを2枚
　（表布底）……50×30cm
　（裏布）……50×34.5cmを2枚
　（持ち手）……10×40cmを2枚
シェニール針22番、縫い針、縫い糸

❀ 作り方 ❀

❶右記裁断図を参照して表布側面の1枚に図案を写す。刺繍をし（p.51参照）、布を裁つ。
❷右図を参照して、表布、裏布をそれぞれはぎ合わせる。
❸持ち手の布を中表にし、脇を縫って表に返す。
❹表布、裏布をそれぞれ中表にし、両脇を縫う。
❺マチが12cmになるよう表布、裏布の底をそれぞれ2箇所縫う。
❻表布と裏布を重ね、バッグ口を縫い合わせる。このとき持ち手を縫い込む。
❼表に返し、返し口をまつる。

◉ 裁断図（縫い代含む）

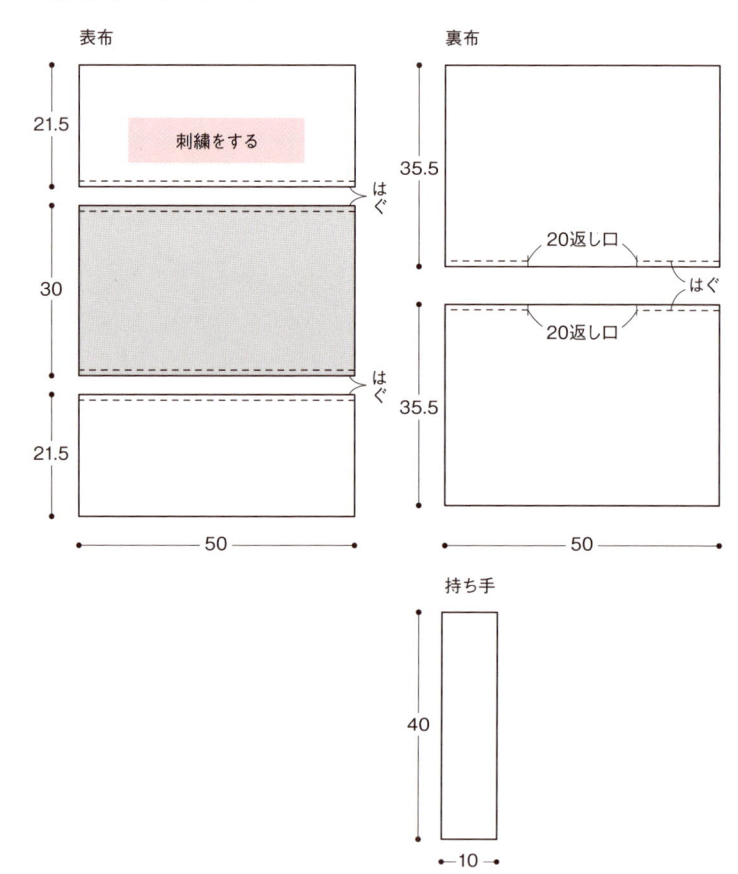

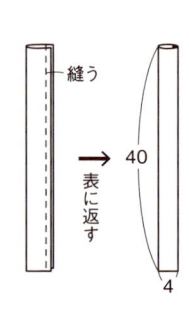

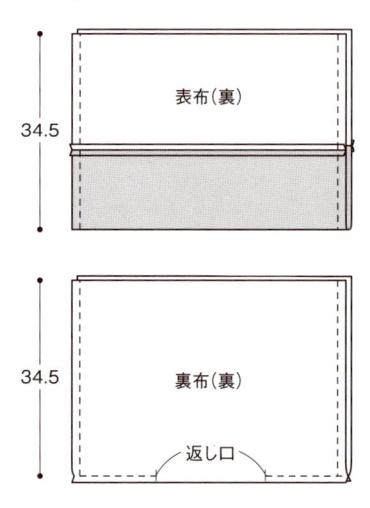

表布: 21.5 / 30 / 21.5、幅50、刺繍をする、はぐ

裏布: 35.5、35.5、幅50、20返し口、はぐ

持ち手: 40×10

❸持ち手を縫う。
縫う → 表に返す　40　4

❹中表にし、両脇を縫う。
表布（裏）34.5
裏布（裏）34.5　返し口

❺底を2箇所ずつ縫う。　12

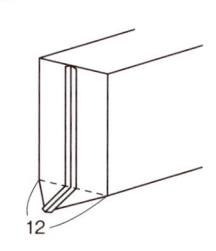

❻中表にしてバッグ口を縫い合わせる。
表布（裏）　持ち手
裏布（裏）

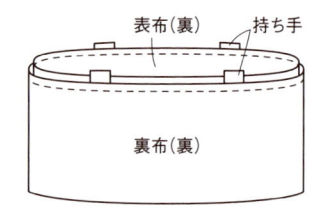

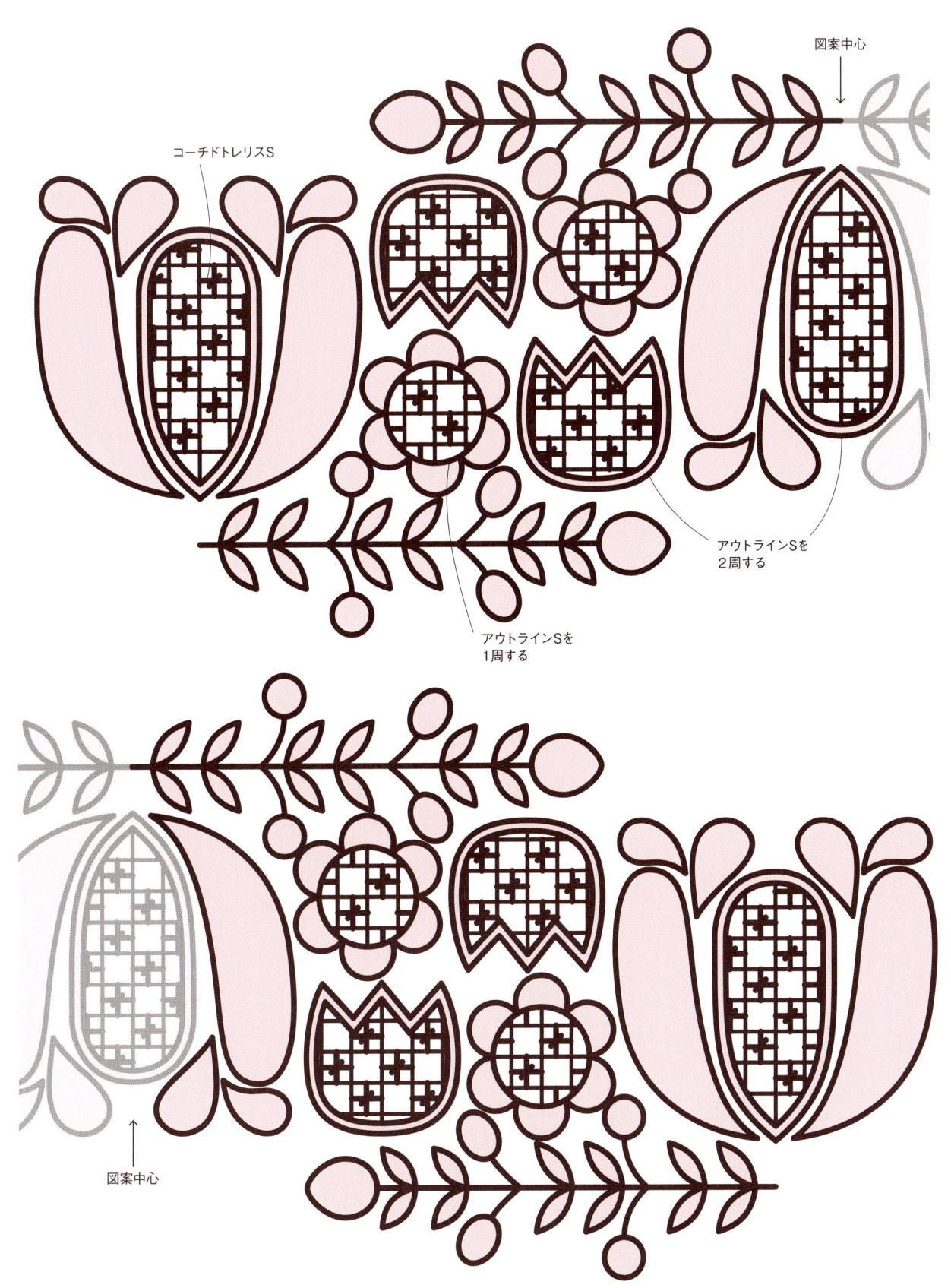

◎刺繍図案（120%に拡大して使用して下さい）
＊指定以外はすべてアウトラインステッチ（p.51参照）

図案中心

コーチドトレリスS

アウトラインSを
2周する

アウトラインSを
1周する

図案中心

ティペット → p.20

❈ 準備するもの ❈

アップルトン991（2本どり）……4かせ
表布……14×82cm
裏布（フェイクファー）……14×82cm
スナップボタン……1組
シェニール針22番、縫い針、縫い糸

❈ 作り方 ❈

❶ 表布に図案を写し、刺繍する（p.51参照）。
❷ 表布と裏布を中表にして返し口を残して周囲を縫い、表に返す。
❸ 返し口を折り込んでまつる。
❹ スナップボタンをつける。

◎ 仕上がり図

◎ 刺繍図案（100%）
＊指定以外はすべて
アウトラインステッチ（p.51参照）

裏面にボタンB
80
30 返し口
裏面にホックA
12

ボタンBつけ位置
アウトラインSを1周する
コーチドトレリスS（5mm巾）
ボタンAつけ位置

バラモチーフのフレーム → p.23

❀ 準備するもの ❀

カットビーズ3mm（白）……31個
カットビーズ3mm（緑）……16個
カットビーズ2mm（薄青）……6個
ラウンドビーズ2mm（薄水色）……11個
丸小ビーズ（シルバー）……約55個
丸小ビーズ（緑）……約80個
丸小ビーズ（薄青緑）……約150個
丸小ビーズ（薄緑）……約20個
丸小ビーズ（クリスタル）……約40個
スパンコール（白）……約40個
スパンコール（クリスタル）……約60～65個
布……28×30cm
　＊使いたいフレームの大きさ＋2～3cm
DMC25番3847（6本どり）
ミシン糸60番（2本どり）
ビーズ刺繍針、縫い針、縫い糸

❀ 作り方 ❀

❶布に直径9cmの円を描き、その中に図案を写し、ビーズを刺繍する（p.52参照）。
❷❶で描いた円を16分割した位置に印をつけ、その幅を参考にスカラップボタンホールステッチをする（p.55参照）。
❸フレーム板にかぶせ、板の裏で布端を糸でひっぱって留める。
❹フレームに収める。

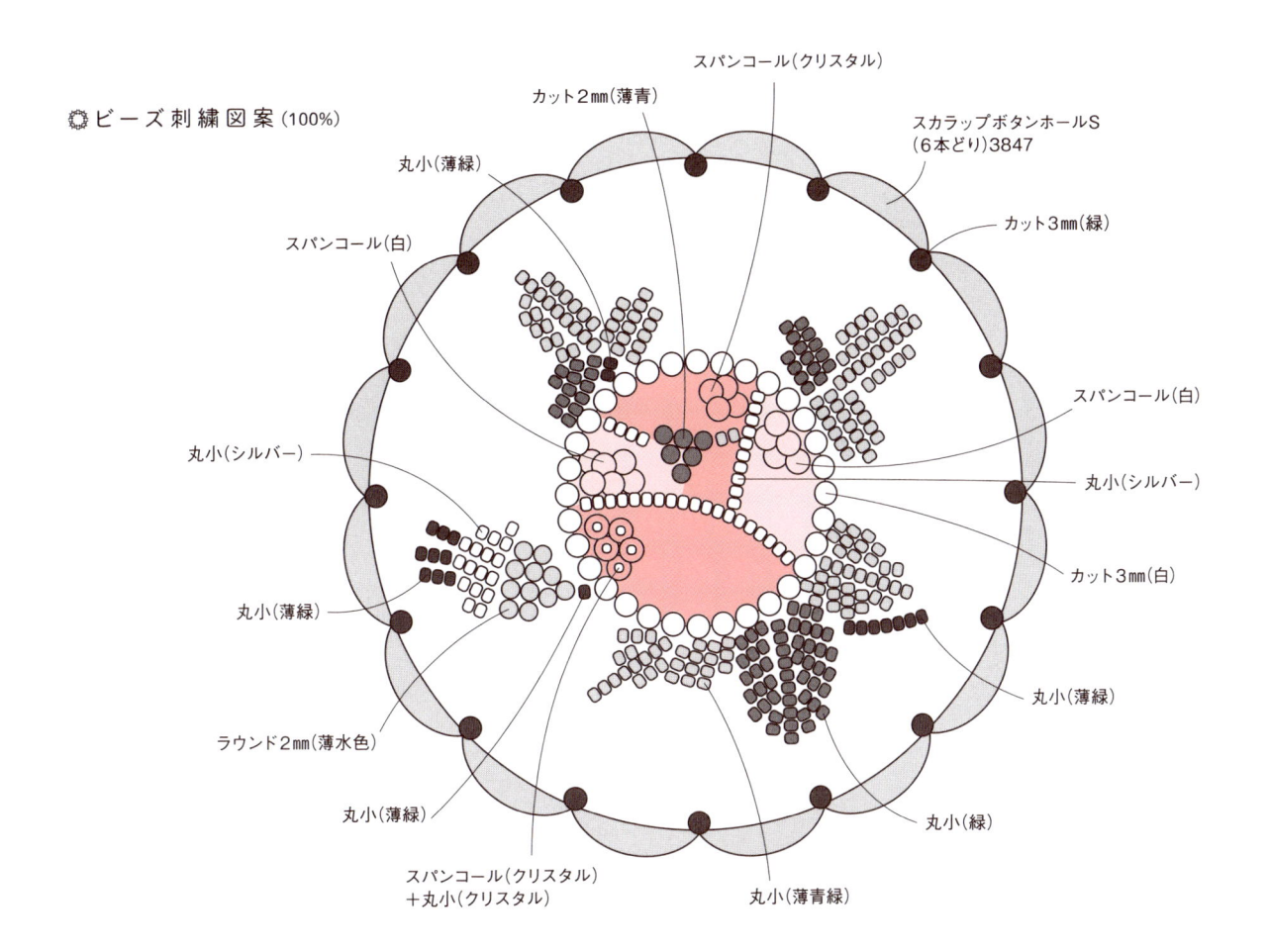

◉ ビーズ刺繍図案（100%）

スパンコール（クリスタル）
カット2mm（薄青）
スカラップボタンホールS（6本どり）3847
丸小（薄緑）
スパンコール（白）
カット3mm（緑）
スパンコール（白）
丸小（シルバー）
丸小（シルバー）
カット3mm（白）
丸小（薄緑）
丸小（薄緑）
ラウンド2mm（薄水色）
丸小（緑）
丸小（薄緑）
丸小（薄青緑）
スパンコール（クリスタル）
＋丸小（クリスタル）

ハートのオーナメント → p.22

❀準備するもの❀
【赤】
ラウンドビーズ4mm（薄緑）……12個
ラウンドビーズ3mm（白）……16個
ラウンドビーズ3mm（赤）……約60個
ラウンドビーズ3mm（薄緑）……2個
ラウンドビーズ3mm（青）……2個
ラウンドビーズ3mm（薄水色）……1個
ラウンドビーズ2mm（ラメシルバー）
　……24個
丸小ビーズ（赤）……約190〜195個
丸小ビーズ（緑）……約200〜210個
丸小ビーズ（薄緑）……約80個
丸小ビーズ（濃緑）……約105〜110個
丸小ビーズ（深緑）……約95〜100個
布……20×20cm以上を2枚
厚紙……12×15cmを2枚
キルト芯……12×15cmを2枚
レース（黒）……約40cm
リボン（黒）……約40cm
ミシン糸60番（2本どり）
ビーズ刺繍針、縫い糸
ビーズ刺繍針、手芸用接着剤

❀作り方❀
【赤】【白】共通
❶図案を参照し、布にビーズを刺繍する（p.52参照）。ビーズフラワーの大きさは下図の通り。
❷厚紙とキルト芯をハートの形に切る（各2枚）。
❸厚紙1枚にキルト芯2枚を接着剤でかるく留めておく（前側用）。
❹布はハートの形より3cmほど大きく切る（2枚）。
❺刺繍した布の端より1cmのところをランニングステッチし、❸の厚紙にかぶせるようにして糸をしぼる。
❻厚紙の後ろでランダムに縫って引き締め、留める。
❼もう1枚の厚紙に、❺と同様に布をつける。
❽❻と❼をまつりあわせ、周囲にレースを縫いつける。最後にリボンを縫いつける。

〈前〉 刺繍をする　厚紙　キルト芯×2

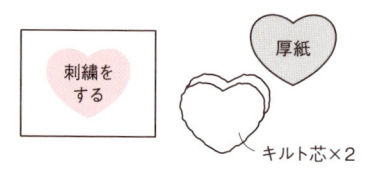

〈後ろ〉 厚紙

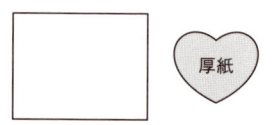

❽前と後ろをまつりあわせる。
後ろ　前　まつりあわせる

ビーズフラワーの大きさ
直径22mm　①出　②入
直径7mm

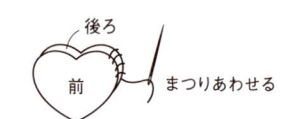

○ビーズ刺繍図案（100%）
【赤】
丸小(濃緑)
丸小(薄緑)
丸小(緑)
丸小(赤)
ラウンド2mm(ラメシルバー)
ラウンド3mm(白)
ラウンド3mm(薄水色)
ラウンド3mm(赤)
ラウンド4mm(薄緑)
ラウンド3mm(青)
ラウンド3mm(薄緑)

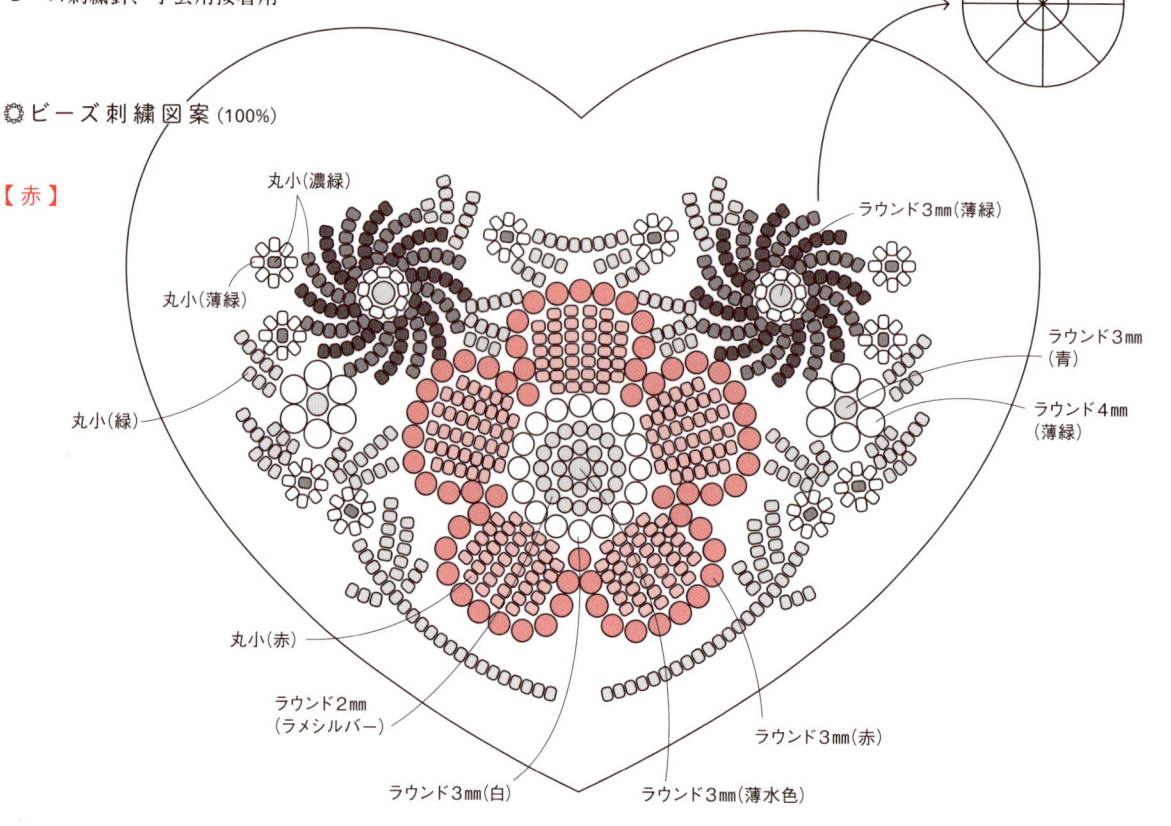

❀ 準備するもの ❀

【白】

ラウンドビーズ3mm（水色）……1個	丸小ビーズ（白）……約165個
ラウンド3mm（ラメゴールド）……16個	丸小ビーズ（緑）……約240個
ラウンド3mm（白）……2個	丸小ビーズ（水色）……約80個
ラウンド2mm（ラメブラウン）……48個	布……20×20cm以上を2枚
カット3mm（水色）……5個	厚紙……12×15cmを2枚
カット3mm（白・クリスタル）……あわせて20個	キルト芯……12×15cmを2枚
カット3mm（シルバー）……12個	レース（黒）……約40cm
カット2mm（青）……5個	リボン……（黒）約40cm
カット2mm（紺）……28個	ミシン糸60番（2本どり）
カット2mm（白・クリスタル）……あわせて50個	ビーズ刺繍針、手芸用接着剤
竹ビーズ2～3mm（マット緑）……64個	

◎ビーズ刺繍図案（100％）

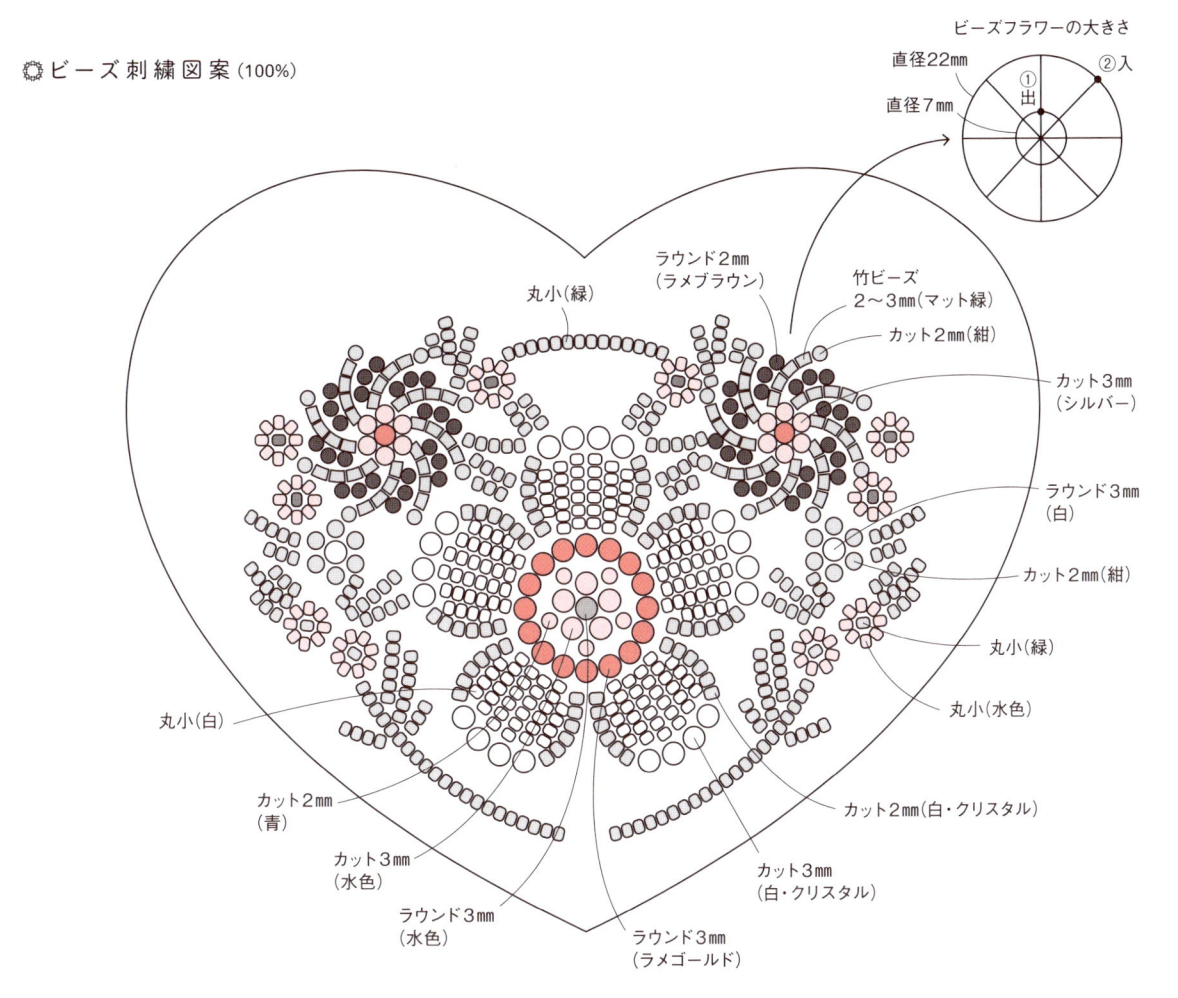

ビーズフラワーの大きさ
直径22mm
直径7mm
①出 ②入

丸小（緑）
ラウンド2mm（ラメブラウン）
竹ビーズ2～3mm（マット緑）
カット2mm（紺）
カット3mm（シルバー）
ラウンド3mm（白）
カット2mm（紺）
丸小（緑）
丸小（水色）
カット2mm（白・クリスタル）
カット3mm（白・クリスタル）
ラウンド3mm（ラメゴールド）
カット3mm（水色）
ラウンド3mm（水色）
カット2mm（青）
丸小（白）

花のブローチ → p.24

❀準備するもの❀

【a】

ラウンドビーズ3mm（白）……6個
ラウンドビーズ3mm（ピンク）……6個
丸小ビーズ（ピンク）……約70個
丸小ビーズ（黄緑）……6個
丸小ビーズ（薄緑）……約55個
丸小ビーズ（緑）……約50個
丸小ビーズ（濃緑）……約55個

リボン……約20cm
布……7×7cm以上
ブローチ金具（直径55mm）……1組
＊ここでは吉田商事のオワンつきのものを使用
ミシン糸60番（2本どり）
ビーズ刺繍針、手芸用接着剤

【b】

ラウンドビーズ3mm（ピンク）……23個
ラウンドビーズ3mm（青）……16個
ラウンドビーズ3mm（薄緑）……12個
ラウンドビーズ3mm（エメラルド）……13個
ラウンドビーズ3mm（ターコイズ）……4個
ラウンドビーズ3mm（薄青）……4個
丸小ビーズ（濃緑）……約75個
丸小ビーズ（青）……約50個
丸小ビーズ（緑）……約40個
丸小ビーズ（黒）……約35個

❀作り方❀

❶図案を参照し、布にビーズを刺繍する（p.52参照）。
❷ブローチ金具より外側3cm大きく裁ち、5mm巾でランニングステッチをしてオワンを入れてしぼる。
❸ランダムに裏を縫いとめる。リボンを縫いつけ、ブローチ台に手芸用接着剤でとめる。

◎ビーズ刺繍図案（100%）

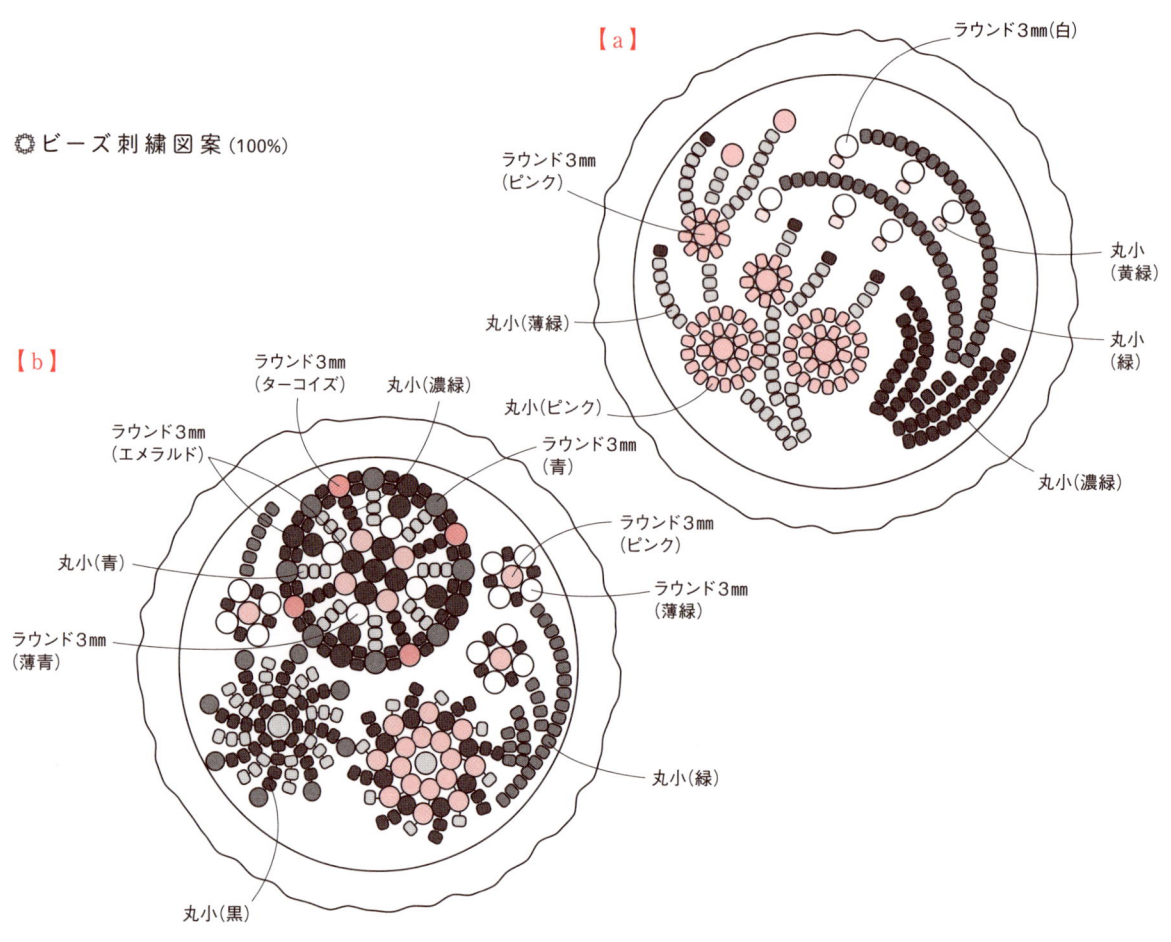

白い花のビーズ刺繍 → p.25

❊ 準備するもの ❊

カットビーズ4㎜（ピンク）……3個
カットビーズ4㎜（白）……35個
カットビーズ4㎜（黒）……2個
カットビーズ3㎜（深緑）……8個
カットビーズ3㎜（薄紫）……25個
カットビーズ3㎜（白）……32個
カットビーズ3㎜（黒）……30個
カットビーズ3㎜（ラメ水色）……16個
丸小ビーズ（ピンク）……約90個
丸小ビーズ（緑）……約200～210個
丸小ビーズ（マット緑）……約370～380個
丸小ビーズ（薄紫）……約50個
丸小ビーズ（ラメ青）……約65～70個
ミシン糸60番（2本どり）
ビーズ刺繍針

◎ 刺繍図案（100%）
＊ビーズ刺繍の仕方はp.52参照　ビーズフラワーの大きさは下図の通り

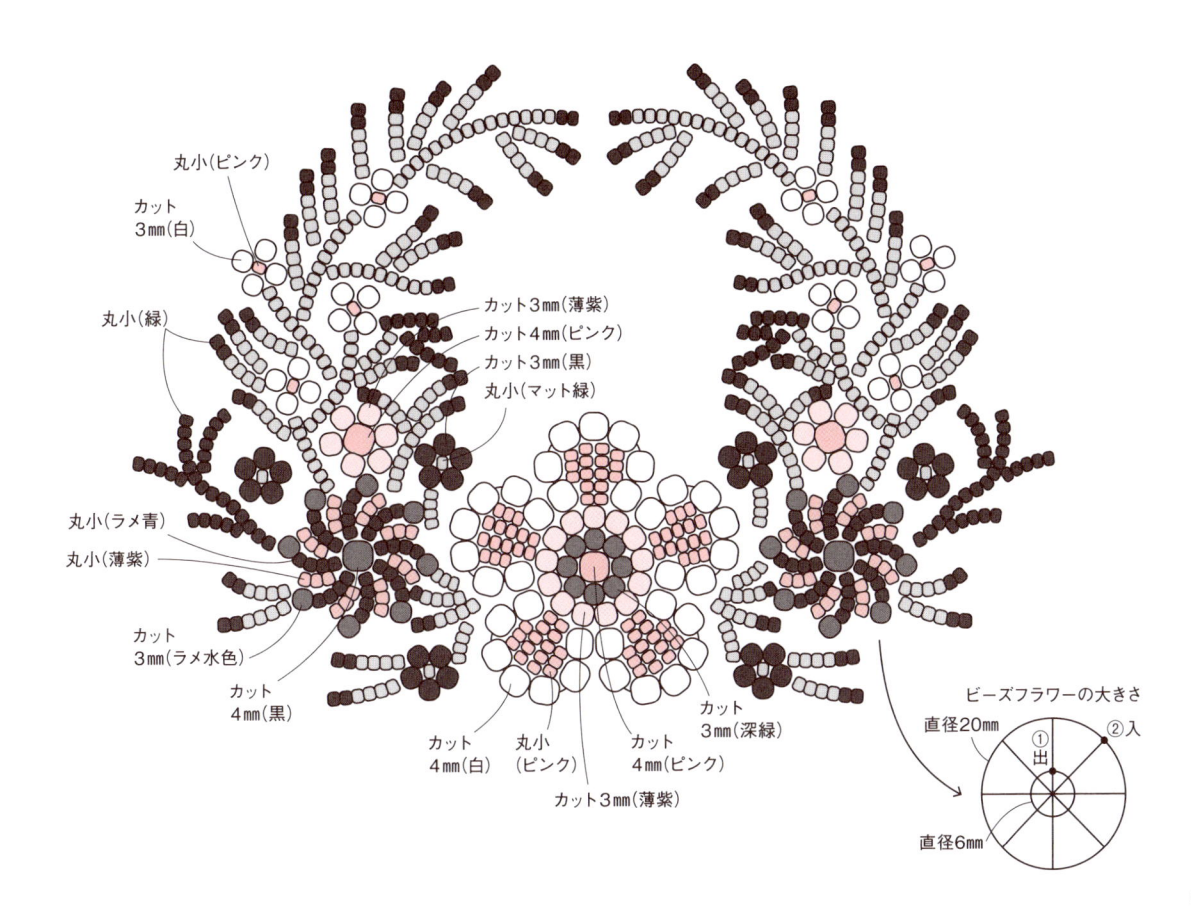

丸小（ピンク）
カット3㎜（白）
丸小（緑）
カット3㎜（薄紫）
カット4㎜（ピンク）
カット3㎜（黒）
丸小（マット緑）
丸小（ラメ青）
丸小（薄紫）
カット3㎜（ラメ水色）
カット4㎜（黒）
カット4㎜（白）
丸小（ピンク）
カット4㎜（ピンク）
カット3㎜（深緑）
カット3㎜（薄紫）

ビーズフラワーの大きさ
直径20㎜
①出　②入
直径6㎜

75

ビーズ刺繡のショルダーバッグ → p.26-27

❀ 準備するもの ❀

竹ビーズ5mm（緑）……104個
竹ビーズ2〜3mm（緑）……330〜350個
カットビーズ5mm（濃緑）……1個
カットビーズ5mm（ベージュ）……4個
カットビーズ4mm（ベージュ）……20個
カットビーズ4mm（水色）……20個
ラウンドビーズ3mm（水色）……28個
カットビーズ3mm（緑）……8個
丸小（シルバー）……67個
丸小（濃緑）……20個
布（薄黄）……35×25cm以上
布（チェック）……70×50cm以上
布（緑）……55×20cm以上
巾広レース…30cm
DMC5番704
マグネットホック……1組
ミシン糸60番（2本どり）
ビーズ刺繡針、縫い針、縫い糸
＊タッセルの材料と作り方はp.77参照

❀ 作り方 ❀

❶図案を参照し、表布に刺繡する（p.52参照）。
❷p.77の型紙（200％に拡大コピー）を利用して、布を裁断する。
❸ふた2枚を中表にし、レースを挟んで周囲を縫う。返し口を残し、表に返してマグネットホックをつけてから返し口をまつる。
❹持ち手2枚を中表にして両端を縫い、表に返す。5番糸で飾りのランニングステッチをする。
❺バッグ本体（表）とマチ（表）を中表にし、中央の合印を合わせてピンで留め、縫う。反対側も同様に行う。カーブのところは、形がきれいに出るように切り込みを入れる。
❻バッグ本体（裏）とマチ（裏）を中表にし、❺と同様に縫う。
❼❺と❻を中表に重ね、間に❹で作った持ち手を挟んで、バッグ口を縫う。
❽表に返してマグネットホックをつけ、返し口をまつる。❸のふたをまつりつける。

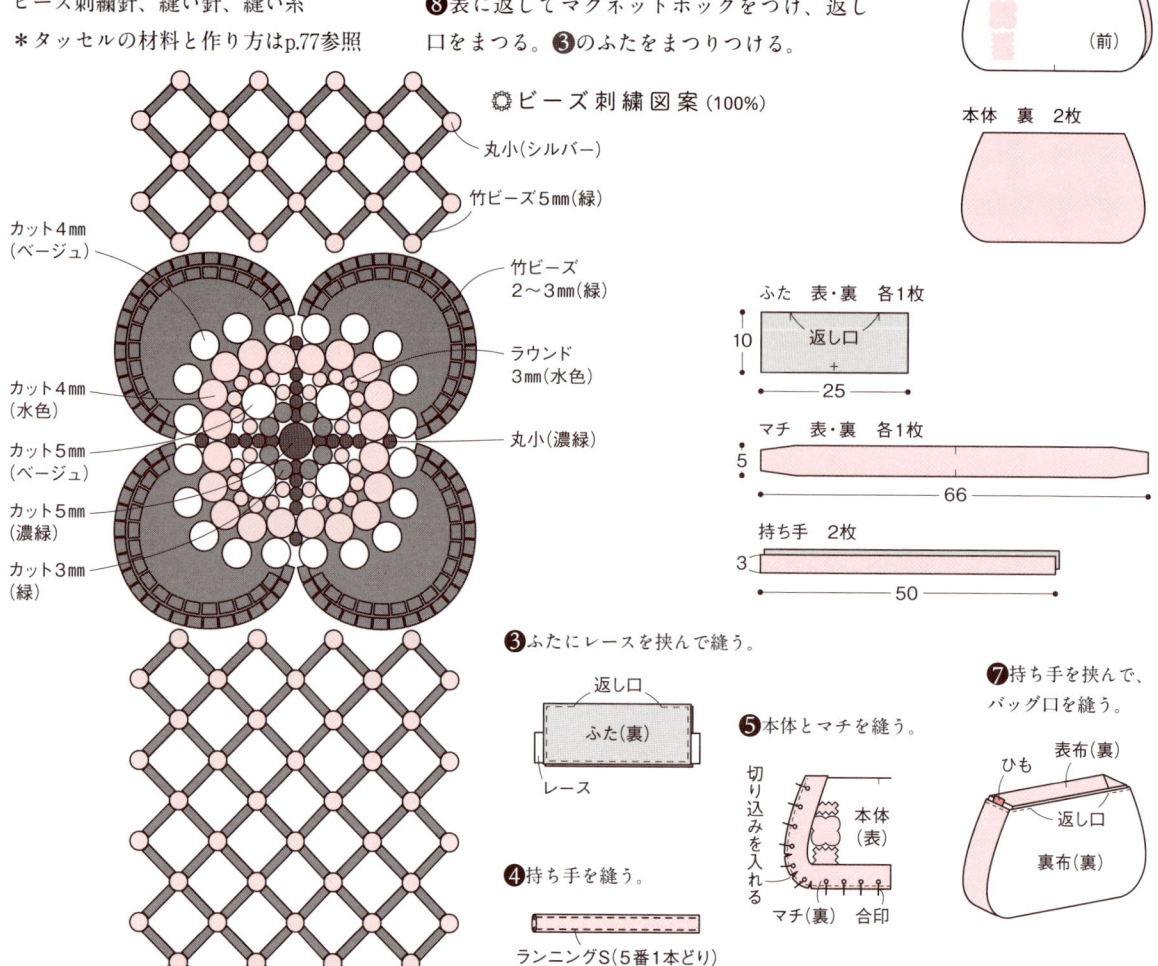

○ビーズ刺繡図案（100％）

- 丸小（シルバー）
- 竹ビーズ5mm（緑）
- カット4mm（ベージュ）
- 竹ビーズ2〜3mm（緑）
- カット4mm（水色）
- ラウンド3mm（水色）
- カット5mm（ベージュ）
- 丸小（濃緑）
- カット5mm（濃緑）
- カット3mm（緑）

本体　表　2枚（前）
本体　裏　2枚
ふた　表・裏　各1枚　10 × 25　返し口
マチ　表・裏　各1枚　5 × 66
持ち手　2枚　3 × 50

❸ふたにレースを挟んで縫う。
ふた（裏）／返し口／レース

❹持ち手を縫う。
ランニングS（5番1本どり）

❺本体とマチを縫う。
切り込みを入れる／本体（表）／マチ（裏）／合印

❼持ち手を挟んで、バッグ口を縫う。
ひも／表布（裏）／返し口／裏布（裏）

◎ バッグ型紙（200%に拡大して使用してください）

＊それぞれ縫い代1cm含む。

中心

本体　表（薄黄、チェック各1枚）
　　　裏（チェック2枚）

マグネットホック付け位置

ふた（緑2枚）

この位置で反転し、p.76のような形の型紙として使用

マグネットホック付け位置

合印

持ち手（チェック、緑各1枚）

マチ（チェック2枚）

この位置で反転し、p.76のような形の型紙として使用

合印

中心

タッセル

❀準備するもの❀

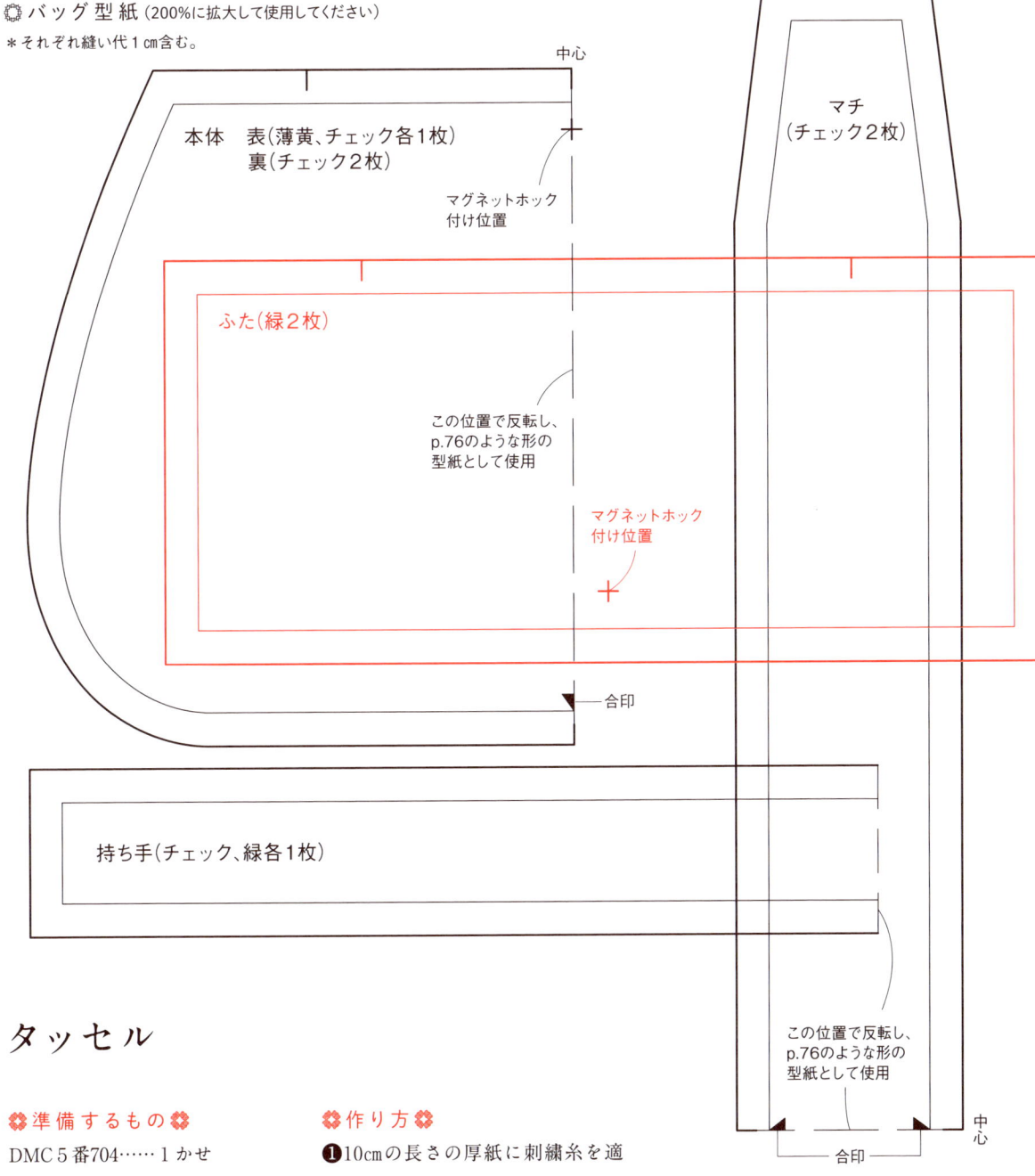

DMC 5番704……1かせ
ラウンドビーズ3～4mm
　　（緑、水色など）…15～20個
竹ビーズ2～3mm（緑）
　　……約300個
ウッドビーズ1cm（白）……1個
縫い針、縫い糸

❀作り方❀

❶10cmの長さの厚紙に刺繍糸を適量巻き、厚紙からはずして輪の部分に糸を通し、しばる。

❷❶でしばった部分から1.5cmほど下でさらにしばる。糸にラウンドビーズを通し、針で縫いとめながら巻きつける。

❸糸に竹ビーズを通し、❶の根元から❷のビーズまでを埋めるように360°縫いとめる。

❹❶のしばった糸にウッドビーズを通し、房を適当な長さにカットする。

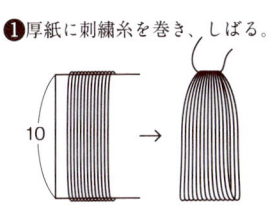

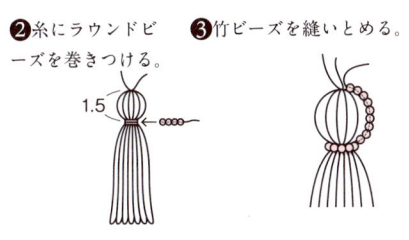

❶厚紙に刺繍糸を巻き、しばる。

10

❷糸にラウンドビーズを巻きつける。

1.5

❸竹ビーズを縫いとめる。

いちごモチーフのビーズ刺繍 → p.28

❀準備するもの❀

カットビーズ4mm（赤）……約30～35個
ラウンドビーズ4mm（白）……10個
ラウンドビーズ3mm（赤）……約30個
ラウンドビーズ2mm（黄緑）……約50個
ラウンドビーズ2mm（黄）……2個
ソロバンビーズ3mm（黒）……11個
カットビーズ3mm（白）……24個
丸小ビーズ（黄緑）……約80個
丸小ビーズ（緑）……約130個
丸小ビーズ（濃緑）……約80～85個
丸小ビーズ（白）……約480個
布……15×12cm以上
厚紙
ミシン糸60番（2本どり）
ビーズ刺繍針
手芸用接着剤

❀作り方❀

❶図案を参照し、ビーズを刺繍する（p.52参照）。
❷図案の周囲に丸小ビーズとカットビーズを通しながら、縁飾りを2段作る。
❸厚紙に布をかぶせて貼る。
＊ここでは、厚紙を使って箱を仕立てています。

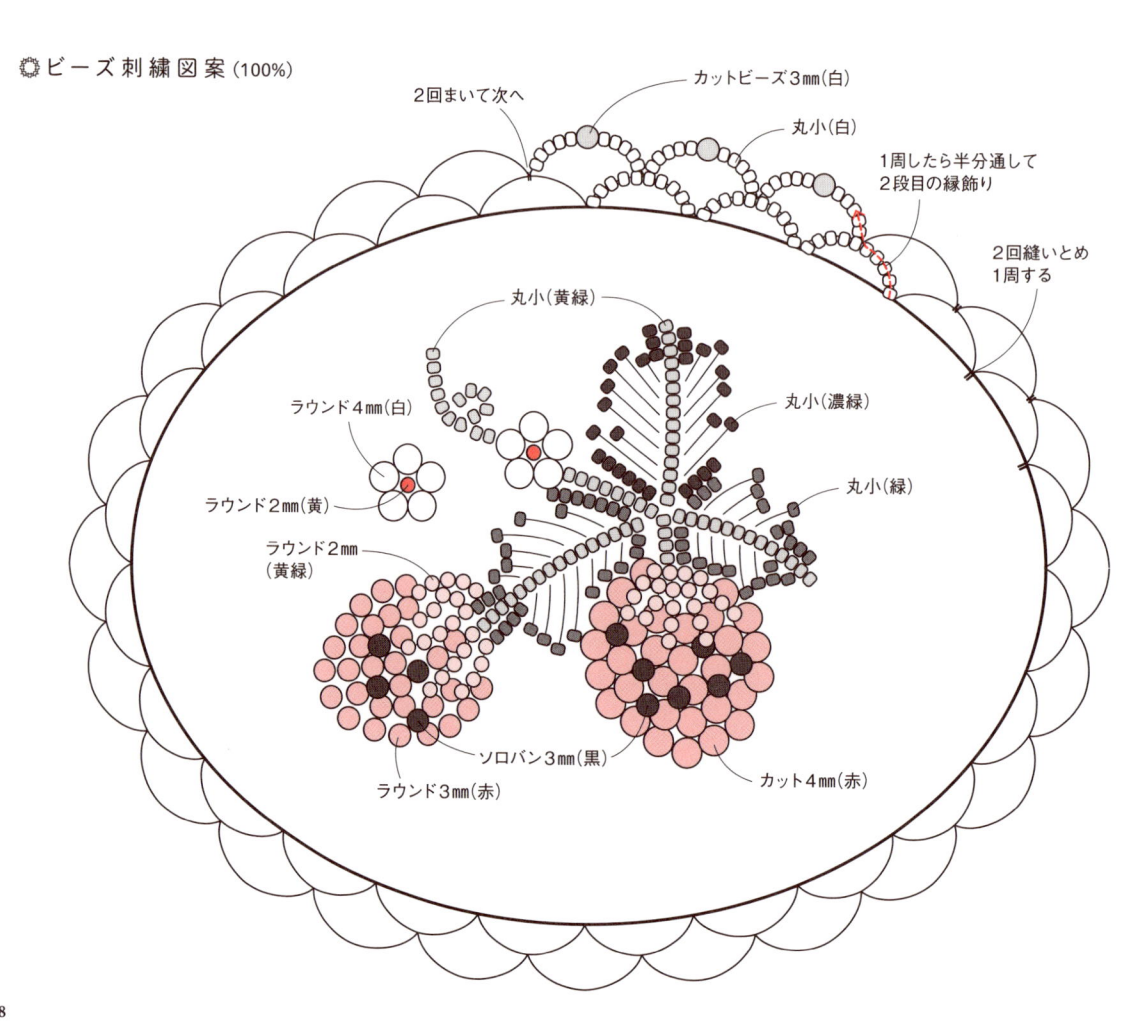

❁ビーズ刺繍図案（100%）

2回まいて次へ
カットビーズ3mm（白）
丸小（白）
1周したら半分通して2段目の縁飾り
2回縫いとめ1周する
丸小（黄緑）
丸小（濃緑）
ラウンド4mm（白）
丸小（緑）
ラウンド2mm（黄）
ラウンド2mm（黄緑）
ソロバン3mm（黒）
ラウンド3mm（赤）
カット4mm（赤）

コースター → p.30

❋ 準備するもの ❋
DMC 5番321（1本どり）
DMC 5番746（1本どり）
布（赤）……約12×12cm以上
布（ベージュ）……約10×10cm以上
シェニール針22番、縫い針、縫い糸

❋ 作り方 ❋
❶布（ベージュ）に図案を写し、刺繍する（p.51、53参照）。
❷ボタンホールステッチをする（p.49参照）。ただし【a】は縁どりをするように、【b】は内側が四角形になるようにする。
❸赤い布にボタンホールステッチをする（p.49参照）。
❹❷、❸をそれぞれ裁断し、❷を❸に重ね、中心を縫いつける。

◎ 刺繍図案（100%）

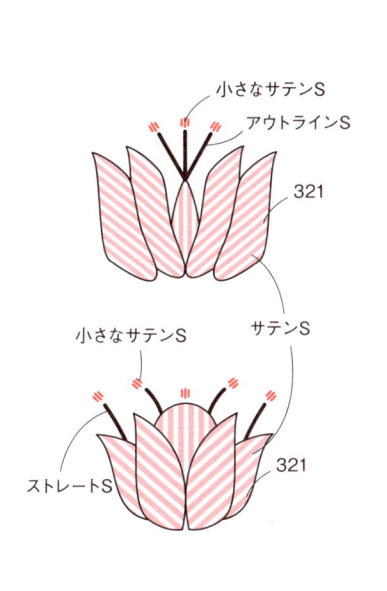

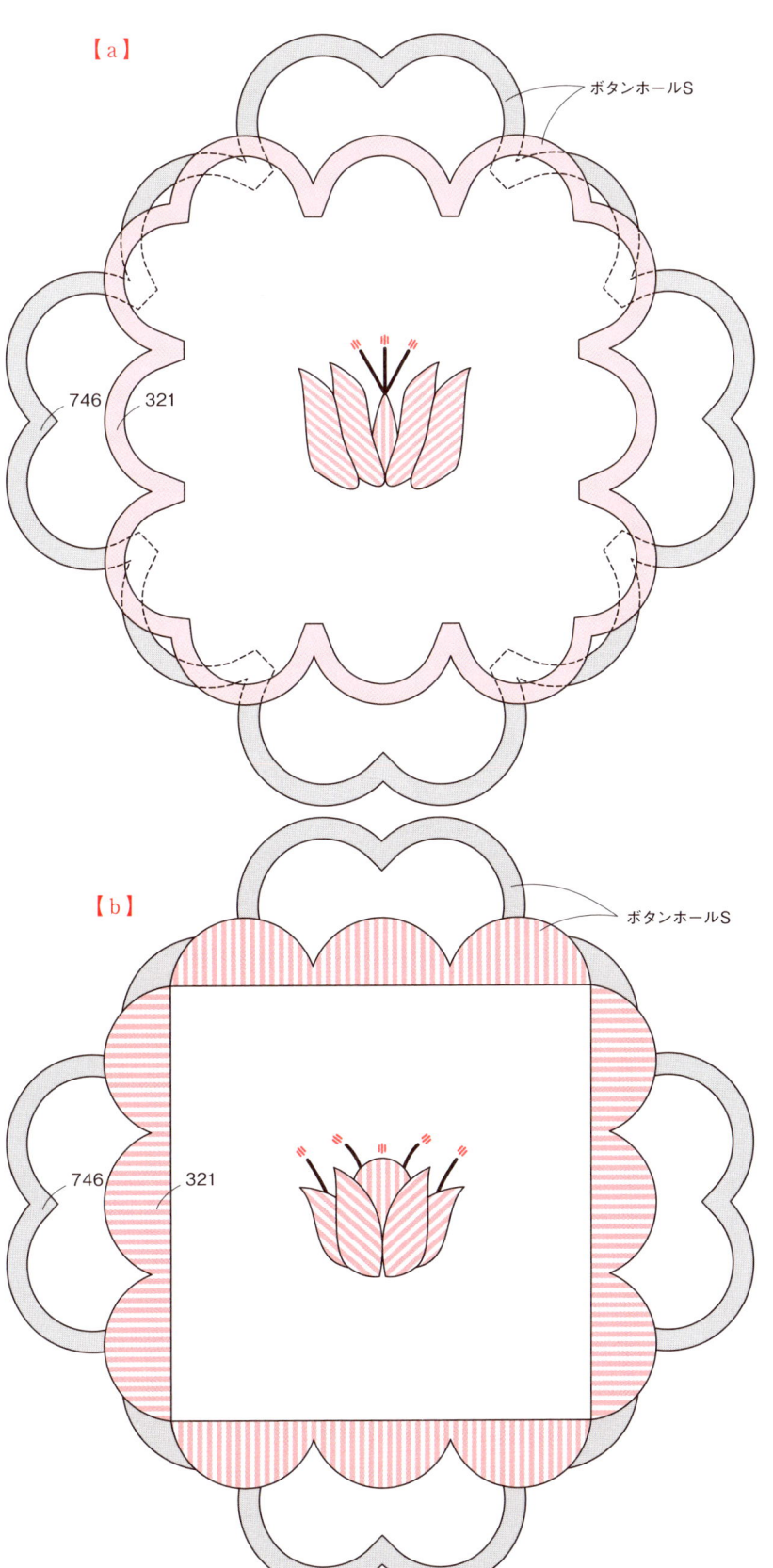

【a】 ボタンホールS
746 321

【b】 ボタンホールS
746 321

小さなサテンS
アウトラインS
321
サテンS

小さなサテンS
ストレートS
321

花柄のマット → p.31

❀ 準備するもの ❀
DMC 5番666（1本どり）
DMC 5番ECRU（1本どり）
布……18×18cm以上を2枚
シェニール針22番、縫い針

❀ 作り方 ❀
❶布に図案を写し、刺繍する（p.49、51、53参照）。
❷刺繍した部分を中表にし、返し口を残して縫い代1cmで縫う。表に返し、返し口をまつる。
❸2色の糸を使い、1cm巾で交互にスカラップボタンホールステッチをする（p.55参照）。

❷中表にして縫い、表に返す。

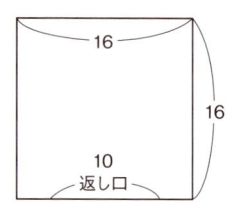

❸1cm巾で交互にスカラップボタンホールステッチをする。

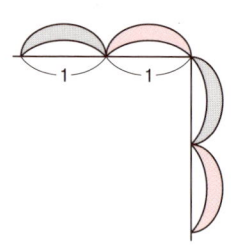

◎ 刺繍図案（100%）
＊指定以外はすべてサテンステッチ（p.53参照）

コーチドトレリスS

ホイールボタンホールS

アウトラインS

チューリップとカーネーションの花刺繍 → p.32

❀ 準備するもの ❀
DMC 5番……色番号は下記参照
シェニール針22番

◎ 刺繍図案（100%）
＊指定以外はすべてサテンステッチ（p.53参照）
　その他のステッチはp.51、53参照

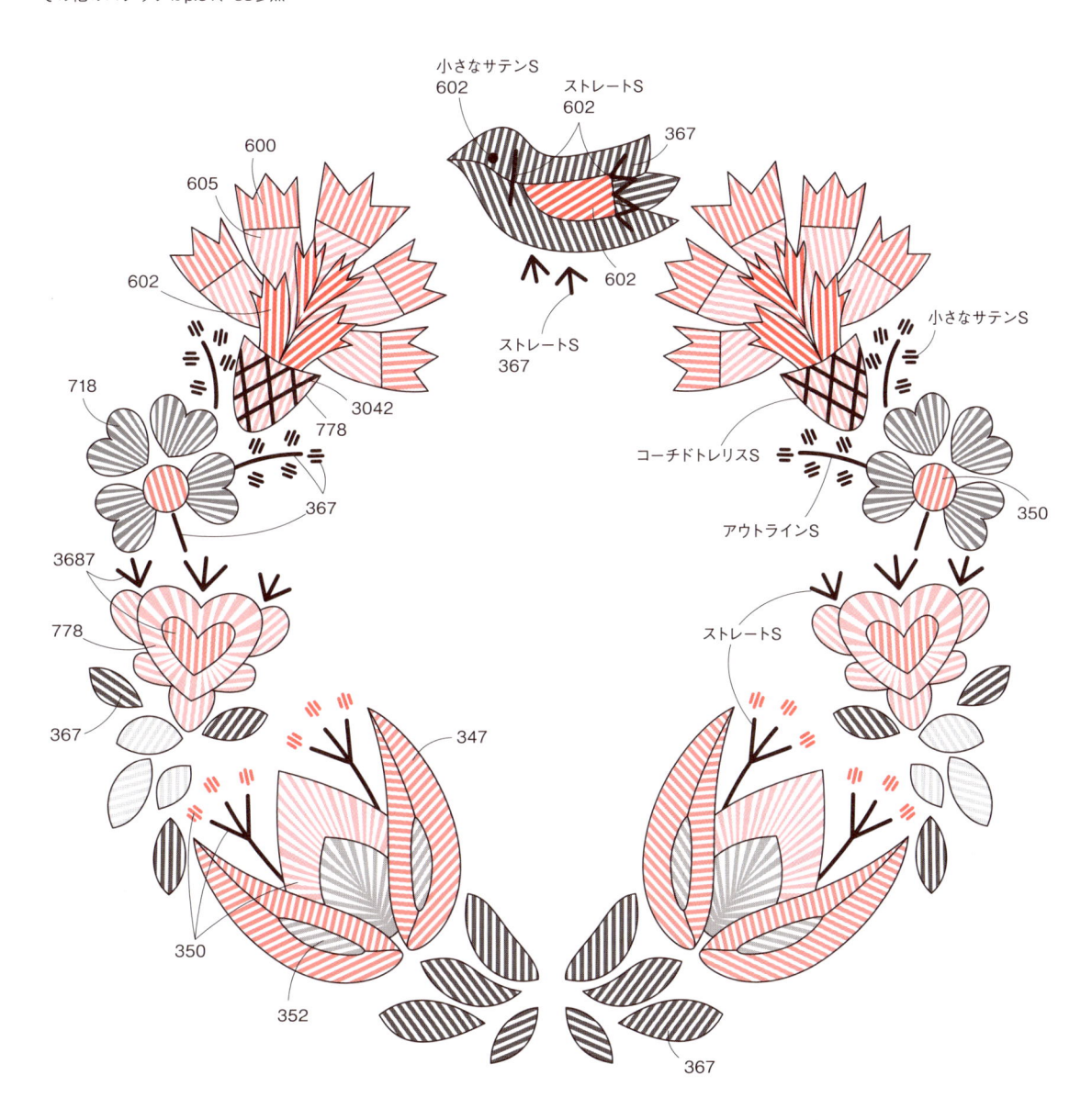

小さなサテンS
602

ストレートS
602
367

600
605
602
3042
778

ストレートS
367
602

小さなサテンS

718
367

コーチドトレリスS
350

アウトラインS

3687
778
367

ストレートS

347

350
352
367

緑と黒の花刺繍 → p.33

❀ 準備するもの ❀
DMC 5番……色番号は下記参照
シェニール針22番

◎ 刺繍図案（100%）
＊指定以外はすべてサテンステッチ（p.53参照）
　その他のステッチはp.49、51、53参照

ストレートS
アウトラインS
ストレートS
310
699
ホイールボタンホールS
ストレートS
小さなサテンS
699
小さな
ストレートS
699
ランニングS
699
310

つけ衿とつけ袖 → p.34-35

【つけ衿】

❀ 準備するもの ❀

DMC5番……色番号は図案（p.84）参照
表布（黒）……55×30cm以上
裏布（黒）……55×30cm
リボン……40cmを2本
シェニール針22番、縫い針、縫い糸

❀ 作り方 ❀

＊型紙は本の最後についています。
❶ 表布に図案を写し、刺繍する（p.51、53参照）。
❷ 表布の左右、裏布の左右をそれぞれはぎ合わせる。
❸ 表布と裏布を中表にし、周囲を縫う。指定の位置でリボンを縫い込む。返し口は残す。
❹ 表に返し、返し口をまつる。

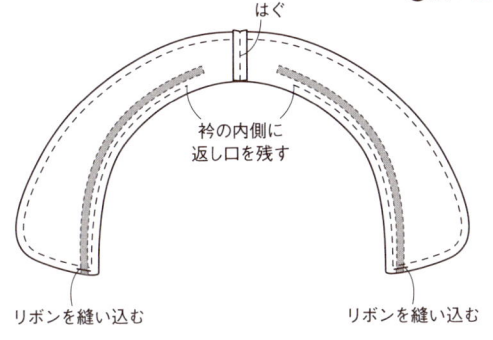

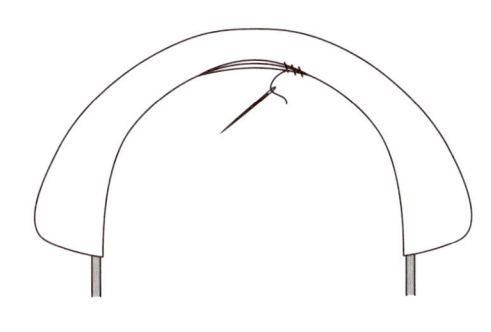

はぐ
衿の内側に返し口を残す
リボンを縫い込む　リボンを縫い込む

❸中表にし、周囲を縫う。　　❹表に返し、返し口をまつる。

【つけ袖】

❀ 準備するもの ❀

DMC5番……色番号は図案（p.85）参照
表布（黒）……21×11cm以上
裏布（黒）……21×11cm
ウッドビーズ5mm……2個
ループ用のひも……10cm
＊布の大きさは、手首に合わせて調節してください。

❀ 作り方 ❀

❶ でき上がり線より2cm内側に図案を写し、刺繍する（p.51、53参照）。
❷ ヘリンボーンステッチ（p.85参照）、バックステッチ（p.62参照）、ボタンホールステッチ（p.49参照）をほどこす。
❸ 表布、裏布の四辺を1cmたたみ、表布に裏布をまつる。このときループを2箇所縫い込み、ウッドビーズを2箇所つける。

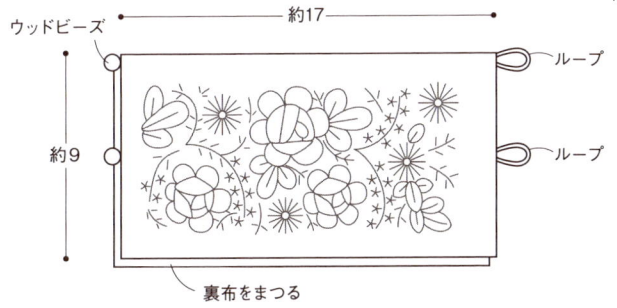

ウッドビーズ　　約17
約9
ループ
ループ
裏布をまつる

◎ 刺繍図案 (100%)
＊指定以外はすべてサテンステッチ（p.53参照）

ストレートS
ストレートS
アウトラインS
右衿
ストレートS
左衿
927　926
3046　367
310
817
3072

◎ 刺繡図案 (100%)
＊指定以外はすべてサテンステッチ (p.53参照)

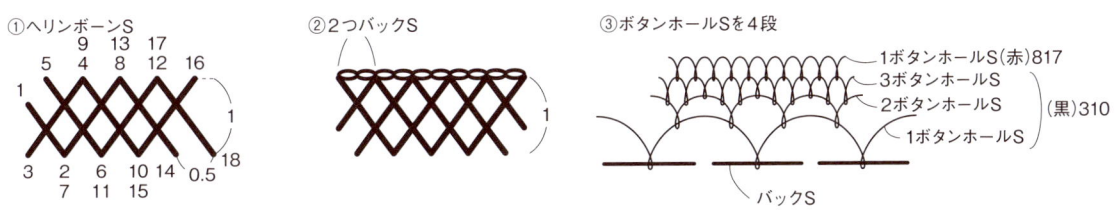

① ヘリンボーンS
② 2つバックS
③ ボタンホールSを4段
- 1ボタンホールS(赤)817
- 3ボタンホールS
- 2ボタンホールS ｝(黒)310
- 1ボタンホールS
- バックS

くるみボタンとボタンホールステッチの花刺繍 → p.36

❈準備するもの❈
アップルトン……色番号は図案参照
布……適量
くるみボタン（直径27mm）…5組
シェニール針22番

❈作り方❈
❶ 布に直径3cmの円を描き、その中に図案を写し、刺繍する（p.51、53参照）。
＊27mmのくるみボタンのオワンがドーム形なので、3mm大きく刺繍する
❷ 布を適当な大きさにきり、くるみボタンにセットする。
❸ 穴をあける側の布に刺繍をする。
❹ ボタンホールステッチの真ん中を切り、穴をあける。

ボタンホールS（2本どり）155
バッグS（1本どり）404
サテンS（1本どり）
ストレートS（1本どり）

ボタンホールS（2本どり）936
（2本どり）529
（2本どり）963
フレンチナッツS（1本どり）526
フライS

（2本どり）155
（2本どり）526
ストレートS
アウトラインS（1本どり）404

フレンチナッツS（2本どり）311
ホイールボタンホールS（1本どり）401
ランダムに2〜3本ストレートS（1本どり）588
（2本どり）529
ランダムに2〜3本ストレートS（1本どり）501
ストレートS

ストレートS（2本どり）529
レゼーデージーS（2本どり）526
フレンチナッツS（1本どり）529
レゼーデージーS（2本どり）501

（2本どり）501
（2本どり）991
（2本どり）622
（2本どり）588
ボタンホールS
（1本どり）403
（1本どり）526

◎ 刺繍図案（100%）
＊指定以外はすべてサテンステッチ（p.53参照）

ストレートS
ボタンホールS（1本どり）529
（1本どり）501 合わせる

ボタンホールS（2本どり）403
（1本どり）526

レース模様 → p.39

❀ 準備するもの ❀
DMC25番ECRU（2本どり）
布……ペルミン075 10目
クロスステッチ針26番

◎ 刺繍図案
＊すべてクロスステッチ（p.54参照）布は3目×3目でひろう

バラのモチーフ → p.39

❀ 準備するもの ❀

DMC25番310（1本どり）
DMC25番666（1本どり）
布……スクエアリネン10目
クロスステッチ針26番

◎ 刺繍図案

＊指定以外はすべてクロスステッチ（p.54参照）
　布は2目×2目でひろう

666（赤）　　310（黒）　　ストレートS

レース模様の巾着 → p.38

❁ 準備するもの ❁
DMC25番310（1本どり）
布……スクエアリネン10目を12×22cm以上を2枚
レース……約6cm巾×9.5cmを2枚
リボン……約3mm以下の巾×50cm
麻ひも……60cmを2本
クロスステッチ針26番

❁ 作り方 ❁
❶図案を参照し、布に刺繍する（クロスステッチはp.54、ボタンホールステッチはp.49参照）。指定の部分をカットして穴をあける。
❷布を中表にして、三辺を縫う。このとき、ひも通し用に1cm縫わずにおく。
❸バッグ口を1cm折り返して縫う。ひも通しの部分が隠れ、バッグ口から少しはみ出るようにレースをあてる。ひも通しの上下を1.5cm巾でランニングステッチをし、レースを縫いとめる。
❹表に返し、❶であけた穴にリボンを通す。ひも通しに麻ひもを通す。

◎ 刺繍図案
＊指定以外はすべてクロスステッチ（p.54参照）布は2目×2目でひろう

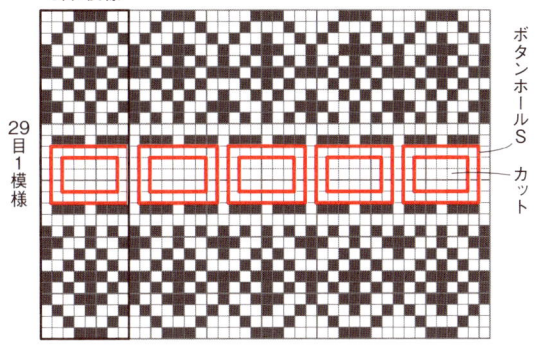

8目1模様
29目1模様
ボタンホールS
カット

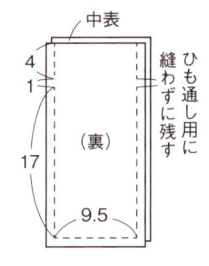

中表
❷中表にして縫う。
❸バッグ口を縫い、レースを縫う。 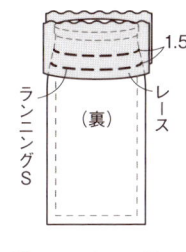
❹ひも通しに麻ひもを通す。 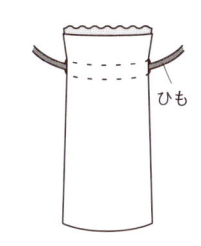

幾何学模様の敷きもの → p.41

❁ 準備するもの ❁
DMC25番666（2本どり）
DMC25番ECRU（2本どり）
DMC5番310（1本どり）
布……ツヴァイガルト カシェル11目
クロスステッチ針26番

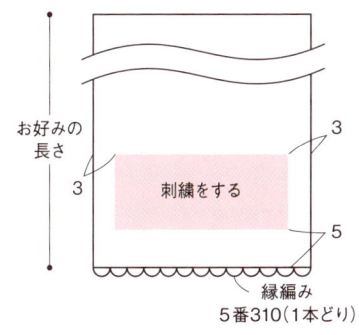

◎ 刺繍図案
＊すべてクロスステッチ（p.54参照）
布は3目×3目でひろう

❁ 作り方 ❁
❶図案を参照し、布に刺繍する（p.54参照）。
❷布端に、縁飾りのためのボタンホールステッチをする（p.49を参照し、縦の糸は短めにする）。1アーチ（約1.5cm）あたり5目。これをベースにして、針で縁編みをする（p.55参照）。

◎ 仕上がり図
お好みの長さ
刺繍をする
縁編み
5番310（1本どり）

ECRU（白）　666（赤）

89

ブックカバー → p.40

❀ 準備するもの ❀

DMC25番321（2本どり）
表布……ツヴァイガルト ベルファースト
　リネン12.4目を20×40cm以上
裏布（好みのもの）……20×40cm以上
レース（ベルト用）……18cm
ひも（しおり用）……20cm
ウッドビーズ……1個
クロスステッチ針26番、縫い針、縫い糸

❀ 作り方 ❀

❶図案を参照し、クロスステッチとロングアームドクロスステッチで刺繍する。下図を参照して布を裁つ。
❷表布と裏布を中表にし、片端の直線を縫う。
❸❷を布の表が見えるように開き、ひもとレースを指定の位置に仮留めする。
❹❷で縫った部分を折り返し線で折り込む。
❺中表の状態で返し口を残して四辺を縫う。ここで❹の折り込んだ部分、❸で仮留めしたひも、レースも一緒に縫う。
❻表に返し、返し口をまつる。

◉ 刺繍図案

* ■はクロスステッチ（p.54参照）
　■はロングアームドクロスステッチ（p.54参照）
布は3目×3目でひろう

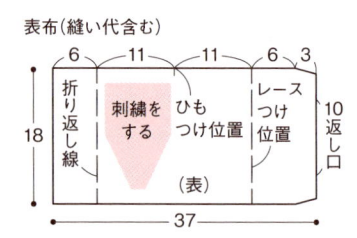

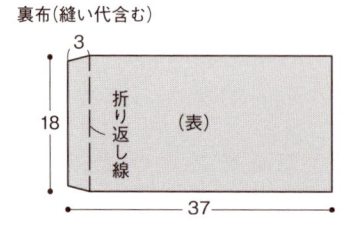

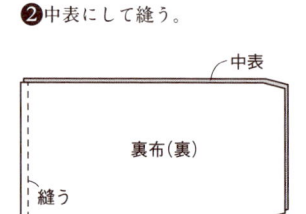

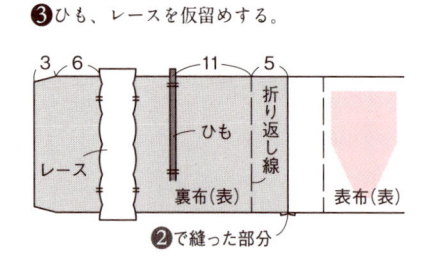

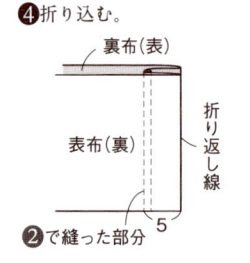

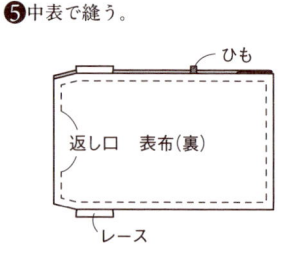

◉ ブックカバー内側

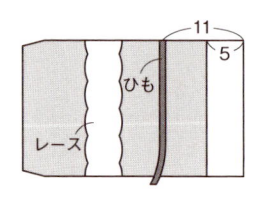

クロスステッチの小さなモチーフ → p.42

❉ **準備するもの** ❉

DMC25番310（2本どり）　布……スクエアリネン10目
DMC25番666（2本どり）　クロスステッチ針26番

◎ 刺繍図案
＊すべてクロスステッチ（p.54参照）布は3目×3目でひろう

どんぐりモチーフの針さし → p.44

❀ 準備するもの ❀

アップルトン645（4本どり）
布……コスモジャバクロス55（5.5目）を
　　10×12cm以上
布（緑）……10×15cm
キルト芯……5×8cmを3枚
フェルト（緑）……7×8cmを2枚
ウッドビーズ……1個
厚紙……5×8cmを2枚
タペストリー針18番
縫い針、縫い糸

❀ 作り方 ❀

❶図案を参照し、刺繍する（p.53参照）。布を裁つ。
❷❶の布を中表に二つに折り、両端を縫う。表に返す。
❸厚紙とキルト芯3枚を❷の中に入るようサイズを調整して入れる。返し口を1cm折り込み、まつる。
❹縁飾りのためのボタンホールステッチをする（p.49参照）。1アーチ（約1cm）あたり5目。これをベースにして、針で縁編みをする（p.55参照）。
❺フェルト2枚をピンキングばさみでカットし、2枚を重ねて真ん中をランニングステッチする。二つに折る。
❻布（緑）を中表に二つに折り、両端を縫う。表に返す。
❼厚紙を❻の中に入るようサイズを調整して入れる。返し口を1cm折り込み、まつる。
❽❺のフェルトを❼に縫いとめる。
❾❹と❽を縫い合わせ、ウッドビーズをつける。アップルトン（2本どり）で鎖編み（チェーンステッチ）を3cmしてループを作る。

◯ 作り方図

❷中表にして縫う。

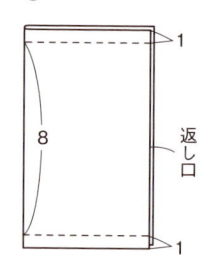

❸厚紙とキルト芯入れる。

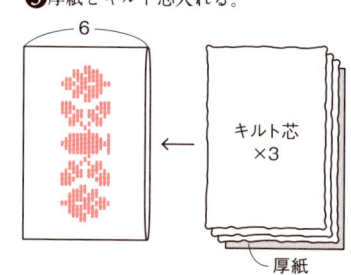

❹ボタンホールステッチと縁編みをする。

❺フェルトを2枚重ねて縫う。

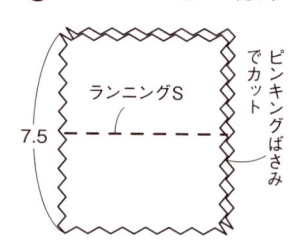

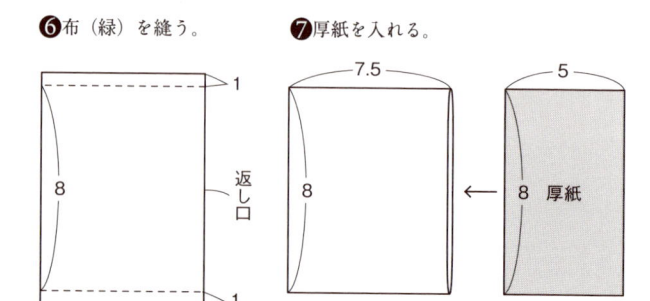

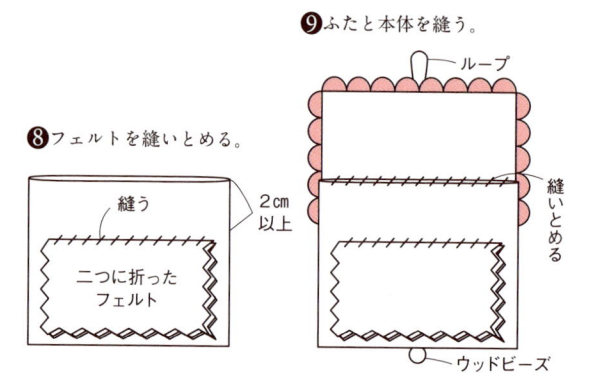

❻布（緑）を縫う。

❼厚紙を入れる。

❽フェルトを縫いとめる。

❾ふたと本体を縫う。

◯ 刺繍図案（100%）
＊すべてカウント刺繍（p.53参照）

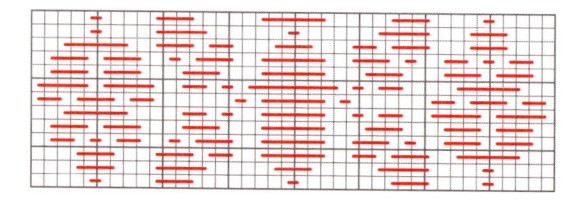

すずらんモチーフのパスケース → p.44

❁ 準備するもの ❁

アップルトン995（4本どり）
布……コスモジャバクロス55（5.5目）を
　11×14cm以上
布（赤）……11×14cm
キルト芯……6×9cm
厚紙……6×9cm
タペストリー針18番
縫い針、縫い糸

❁ 作り方 ❁

❶図案を参照し、刺繍する（p.53参照）。このときボタンホールステッチはまだしない。布を裁つ。
❷❶の布を中表に二つに折り、両端を縫う。表に返す。
❸厚紙とキルト芯1枚を❷の中に入るようサイズを調整して入れる。返し口を1cm折り込み、まつる。
❹図案を参照し、ボタンホールステッチをする（p.49参照）。
❺布（赤）を中表に二つに折り、両端を縫う。表に返す。返し口を1cm折り込み、まつる。
❻刺繍糸20cmほどを3本を一束で三つ編みにし、飾りひもを作る。
❼❹と❺で❻の飾りひもを挟むようにして三辺をまつる（カードの入れ口は残すこと）。

◯ 作り方図

❷中表にして縫う。

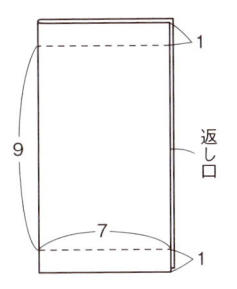

❸厚紙とキルト芯を入れる。

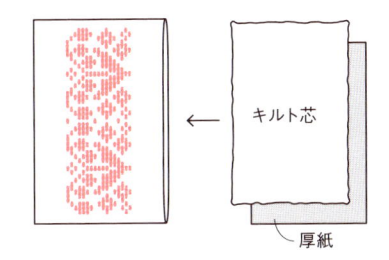

❺布（赤）を縫う。

❼まつる。

飾りひも
入れ口を残して三辺をまつる

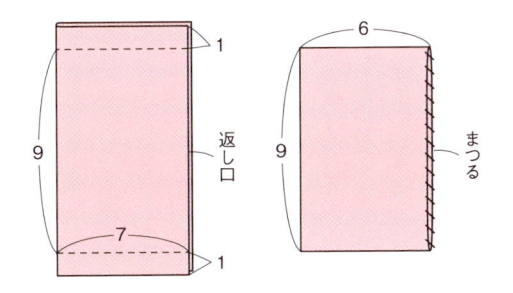

◯ 刺繍図案（100%）

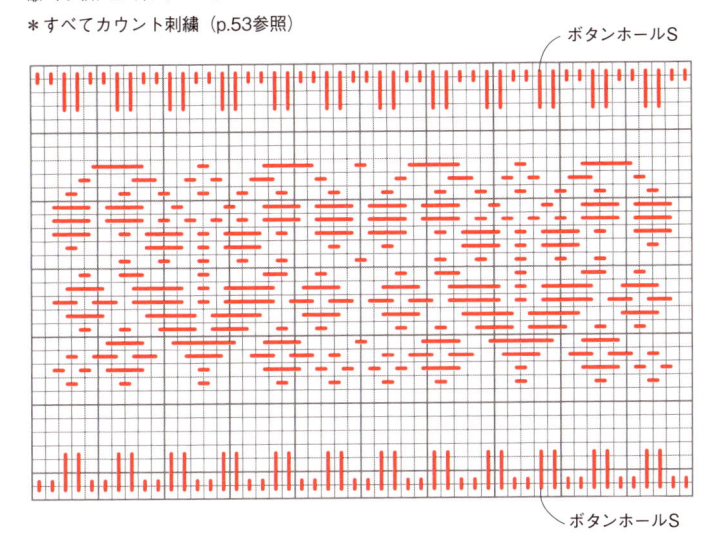

＊すべてカウント刺繍（p.53参照）

ボタンホールS

ボタンホールS

いちごとベリーモチーフの小さなポーチ → p.45

❀ 準備するもの ❀

アップルトン502（4本どり）
アップルトン991B（4本どり）
布……コスモジャバクロス55（5.5目）を
　6×14cm以上
布（赤）……16×34cmを2枚
ブレード……15cmを2本
ファスナー……12cm
タッセル（好みで）……1個
タペストリー針18番
縫い針、縫い糸

❀ 作り方 ❀

❶図案を参照し、刺繍する（p.53参照）。布を裁つ。
❷❶を布（赤）にブレードとともにまつる。
❸❷を中表にして、両端を縫う。マチが5cmになるように底を2箇所縫う。同様にして裏布も縫う。
❹表布と裏布を重ねて、返し口を残して縫う。
❺表に返して返し口をまつり、ファスナーを縫い、好みでタッセルをつける。

◎ 刺繍図案（100%）

＊すべてカウント刺繍（p.53参照）

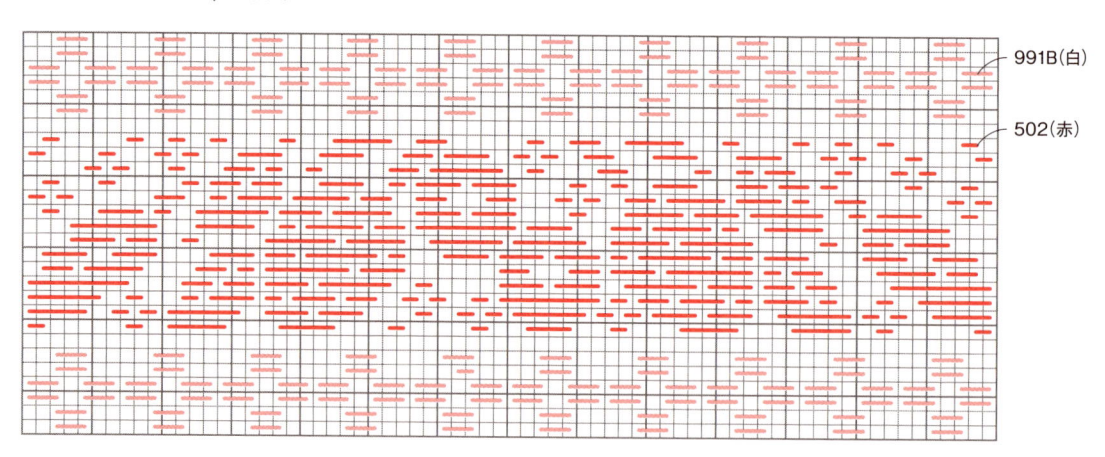

991B（白）
502（赤）

◎ 作り方図

❷刺繍を布にまつる。 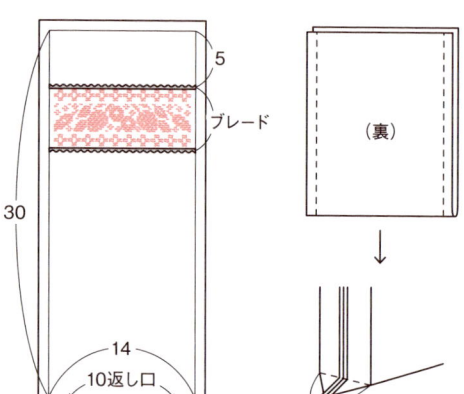
❸中表にして縫う。
❹表布と裏布を縫う。
❺表に返してファスナーを縫う。

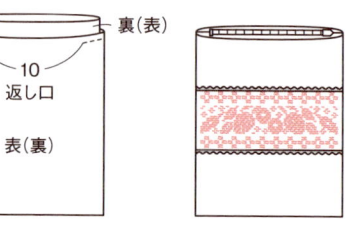

幾何学模様の敷きもの → p.46

❀ 準備するもの ❀
アップルトン446（4本どり）……1かせ
布……コスモジャバクロス55（5.5目）を
　11×23cm以上
タペストリー針18番

❀ 作り方 ❀
❶図案を参照し、刺繍する。布を裁つ。
❷四辺を1cmずつ折りたたんでまつる。

◎ 刺繍図案（100%）
＊すべてカウント刺繍（p.53参照）

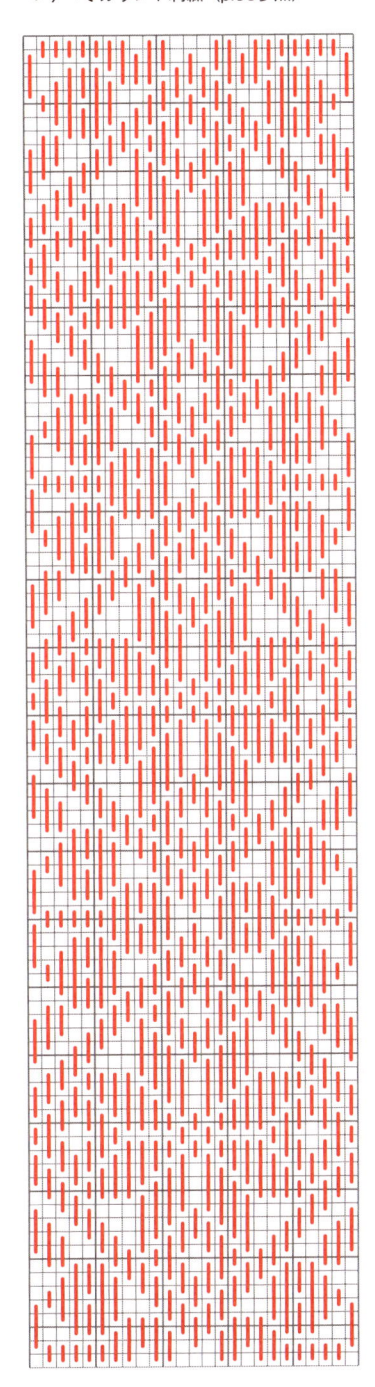

著　者　　岩田由美子

刺繍手芸作家。アトリエ兼刺繍教室「花音舎」主宰。
2004年英国王立刺繍学校認定コース修了後、「花音舎」として作品展示などの作家活動をはじめる。また、手芸店「鎌倉スワニー」などで出張の教室を行うほか、雑誌でも活躍。近年、トランシルヴァニアの刺繍に魅せられ、教室などでその魅力を伝えている。

staff
デザイン　　三上祥子（Vaa）
撮影　　　　大森忠明（表紙、p01～46、著者近影）
　　　　　　北原千恵美（p48～55）
スタイリング　大島有華
作り方図　　株式会社ウエイド（原田鎮郎　土屋裕子）
製作協力　　山下久子（p38～42）
　　　　　　小松悦子（p28 カルトナージュ）

材料協力
○越前屋／03-3281-4911　http://www.echizen-ya.co.jp/
○ディー・エム・シー株式会社／03-5296-7831
　http://www.dmc.com/（グローバルサイト）
　http://www.dmc-kk.com/（WEBカタログ）
○クロバー株式会社／06-6978-2277　http://www.clover.co.jp/
○鎌倉スワニー／0467-25-4911　http://www.swany-kamakura.co.jp/
○吉田商事／03-3866-0638　http://www.yoshida-shoji.co.jp/
撮影協力
AWABEES、UTUWA

＊本書の内容に関するお問い合わせは、お手紙かメール（jitsuyou@kawade.co.jp）にて承ります。恐縮ですが、お電話でのお問い合わせはご遠慮くださいますようお願いいたします。

トランシルヴァニアの可愛い刺繍

2014年6月30日　初版発行
2024年5月30日　2刷発行

著　者　　岩田由美子
発行者　　小野寺優
発行所　　株式会社河出書房新社
　　　　　〒162-8544　東京都新宿区東五軒町2-13
　　　　　電話　03-3404-8611（編集）
　　　　　　　　03-3404-1201（営業）
　　　　　https://www.kawade.co.jp/
印刷・製本　図書印刷株式会社
Printed in Japan
ISBN978-4-309-28427-9

落丁本・乱丁本はお取り替えいたします。
本書のコピー、スキャン、デジタル化等の無断複製は著作権法上での例外を除き禁じられています。本書を代行業者等の第三者に依頼してスキャンやデジタル化することは、いかなる場合も著作権法違反となります。

p83 つけ衿の型紙

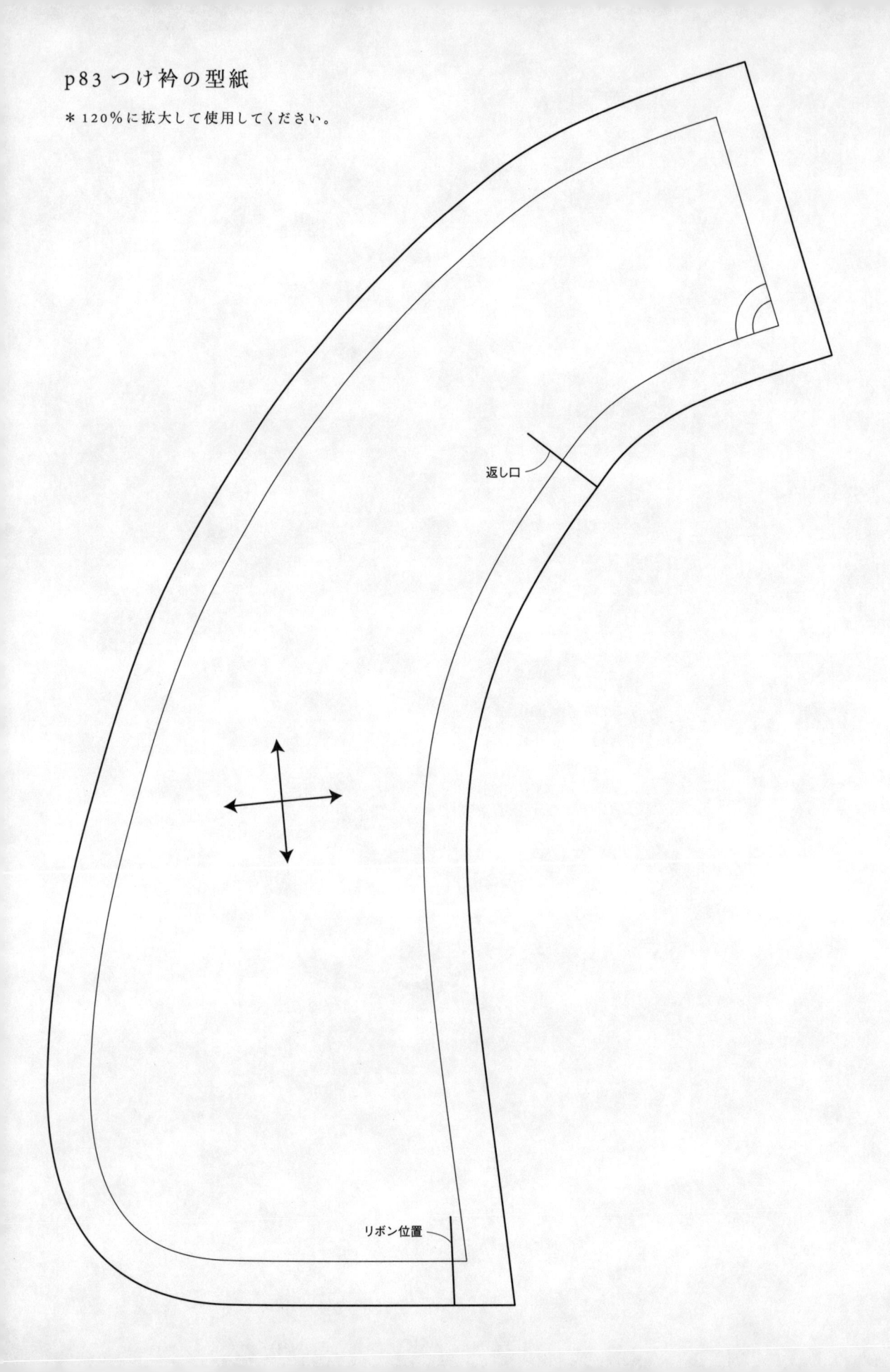

＊120％に拡大して使用してください。

返し口

リボン位置

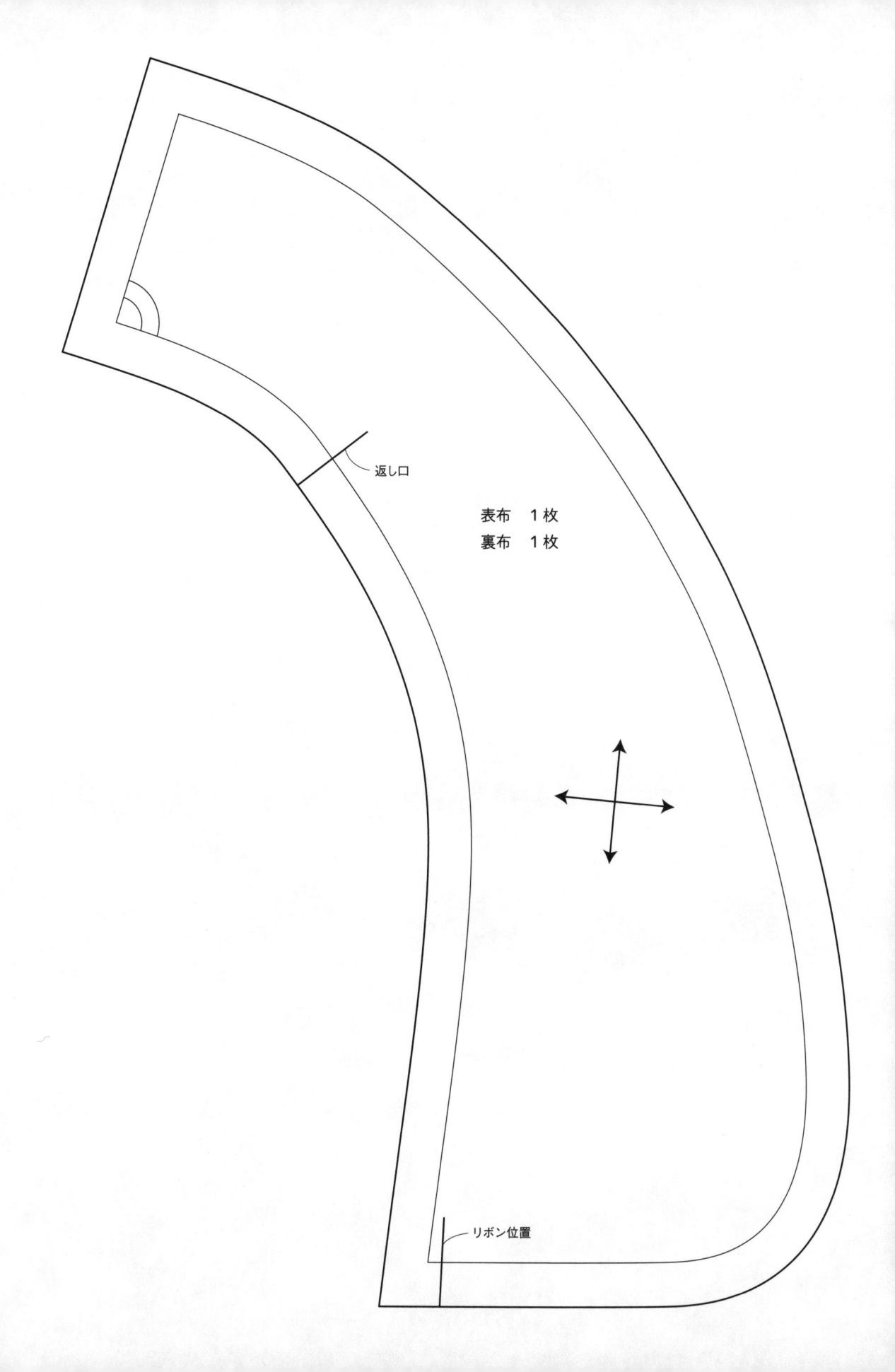

返し口

表布　1枚
裏布　1枚

リボン位置